寻找大语文系列

寻找语文王国

基础知识篇

陈智文 著

人民邮电出版社
北京

图书在版编目（CIP）数据

寻找语文王国. 基础知识篇 / 陈智文著. -- 2版
. -- 北京 ： 人民邮电出版社，2020.2
（寻找大语文系列）
ISBN 978-7-115-52947-3

Ⅰ. ①寻… Ⅱ. ①陈… Ⅲ. ①小学语文课－教学参考
资料 Ⅳ. ①G624.203

中国版本图书馆CIP数据核字(2019)第278818号

内 容 提 要

《寻找语文王国（基础知识篇）》以万里路和万卷书兄妹俩寻找语文王国的奇妙历程为主要线索，将丰富的小学语文基础知识融入其中，通过一个个鲜活有趣的故事，带领孩子体会语文学习的乐趣，分享成长的收获。

◆ 著　　　　陈智文
　　责任编辑　朱伊哲
　　责任印制　周昇亮

◆ 人民邮电出版社出版发行　　北京市丰台区成寿寺路 11 号
　　邮编　100164　电子邮件　315@ptpress.com.cn
　　网址　http://www.ptpress.com.cn
　　三河市中晟雅豪印务有限公司印刷

◆ 开本：700×1000　1/16
　　印张：12.75　　　　　　　　2020 年 2 月第 2 版
　　字数：122 千字　　　　　　 2020 年 2 月河北第 1 次印刷

定价：39.80 元

读者服务热线：(010)81055296　印装质量热线：(010)81055316
反盗版热线：(010)81055315
广告经营许可证：京东工商广登字 20170147 号

谨以本书献给所有喜欢语文
和即将喜欢语文的孩子

总序

等你，在语文的世界

陈智文

二十年的语文教学经历，给我留下最深印象的，是那年班上的一个学生。

因为生病的缘故，这个孩子近一个学期都请假在家，没有到校上课。为了接班的时候有成绩记录，我还是通知孩子参加期末考试。本来对他的成绩不抱太大希望，没想到他给了我一个惊喜：全班前三！惊喜之余，我陷入了沉思：一个孩子语文素养的提升，究竟靠什么？

2019年，统编版小学语文教材推向全国。这套教材编撰上的一大亮点就是螺旋上升的"语文要素"设计。"语文要素"包括什么？一般包括四个方面：语文知识、语文能力、语文策略、语文习惯。如果一个孩子有足够多的"语文要素"的积累，那么他的语文素养一定不会太差。而这，除了靠语文老师课堂内的教学，更有赖于学生课外的积累。

我国著名的语言学家吕叔湘先生说："语文学习，三分得益于课内，七分得益于课外。"

这也就不难解释为什么那个孩子请假近一个学期，语文成绩依然那么好。因为，他从来没有停止过课外阅读，没有停止过语文学习。这也印证了特级教师于永正说的那句话："靠自己读书成长起来的学生，不但结实，而且有可持续发展的后劲。"

"靠自己读书""可持续发展的后劲"，这些字眼一直在我的脑海中盘旋，促使我下定决心，用"讲故事"的方式去创作一套属于孩子的语文读物。于是，就有了这套"寻找大语文"系列图书。这套图书包括《寻找语文王国（基础知识篇）》《寻找名家名作（阅读积累篇）》

《寻找作文王国（写作技巧篇）》《寻找诗词王国（赏析背诵篇）》（即将出版），帮助孩子在快乐阅读中全面掌握语文知识。

《寻找语文王国（基础知识篇）》以丰富的语文基础知识为素材，通过三个人物畅游"语文王国"的故事，把孩子们带入一个神奇的语文世界。故事里有人物的喜怒哀乐，有扣人心弦的情节，还有让人欲罢不能的悬念。鲜明的故事性与知识性、时代性、趣味性融为一体，让孩子爱不释手。

《寻找名家名作（阅读积累篇）》依然是以故事为主线，但聚焦到了"阅读"这一语文学习的重要领域。全书介绍了中外文学史上最具影响力的 78 位作家及其作品，引领孩子设身处地，多元体验，不仅帮助孩子快速积累文学知识，更能为今后的深度阅读提供索引，为写作提供丰富的素材和话题。

《寻找作文王国（写作技巧篇）》将目标瞄准了语文学习的"硬骨头"——作文。精彩的故事，鲜活的细节，在不知不觉中巧妙地融合各种作文知识、技巧和策略，让孩子在趣味十足、从容自在的阅读中收获和领悟作文的奥妙，真正做到"快快乐乐听故事，轻轻松松学作文"。

《寻找诗词王国（赏析背诵篇）》在轻松有趣的故事阅读中，将中国经典诗词的背景、常识及赏析融汇其中，让孩子在诗词的世界里，跟着主人公一起看"人面桃花相映红"，一起听"稻花香里说丰年"，一起爱"霜叶红于二月花"，一起盼"风雨送春归，飞雪迎春到"。阅读本书不仅可以丰富积累，还能启迪心灵。

感谢全国著名特级教师王崧舟、孙双金、张祖庆的拨冗作序，倾情推荐！"寻找大语文"系列图书对于小学低年级孩子而言，适合亲子共读；对于中高年级孩子而言，完全可以自主阅读。

生活的外延有多广阔，语文的外延就有多广阔。走进语文的天地，汲取成长的力量。

等你，在语文的世界。

用儿童的方式亲近语文

全国著名特级教师　孙双金

有人说，语文最好教，只要认识字就能当语文教师。

也有人说，语文最难教，语文涉及的内容太丰富：上知天文，下晓地理，上下五千年，纵横数万里。语文教师仿佛是个万能博士。

怎么让孩子们喜欢语文、学好语文？这好像是中国教育历史性的难题！

当我拿到陈智文老师《寻找语文王国（基础知识篇）》的电子书稿时，我感到陈老师找到了解决这个大难题的诀窍：用孩子喜闻乐见的方式，让孩子们在享受故事的乐趣时，不知不觉地学好语文。

我有幸先睹为快，觉得本书有几大明显的特点。

第一，故事性。爱听故事，男女老少概莫能外，尤其是小朋友们。故事里有人物的喜怒哀乐，故事里有扣人心弦的情节，故事里还有让人欲罢不能的悬念。陈老师通过三个人物畅游"语文王国"的故事，把孩子们带入语文世界，构思巧妙，别具一格。

第二，趣味性。学习的最高境界是学得有趣、有意思。孩子们都喜欢做有趣的事，只要他们对此事感兴趣，虽苦犹乐，欲罢不能。这叫"书海无涯'乐'作舟"。让孩子们快乐地学习，是老师最大的本事。

第三，知识性。把学习当玩乐是一种境界；在玩乐中学到知识，这是更高的境界。本书中的 39 个故事就涉及语文学习的 39 个专题领域，为孩子们打开了语文学习的 39 扇窗户，领略了语文学习的 39 种精彩魅力。鲁迅先生"嬉笑怒骂皆文章"是大境界，陈老师让孩子们在游戏玩乐中学好语文也是大智慧啊！

第四，时代性。语文学习如何与时俱进？陈老师在这方面做了很好的尝试。他开设了"网络王国""广告王国""短信王国""颁奖词王国"，把近年来语文学习的时代性体现得很充分。有人说，生活的外延有多广阔，语文的外延就有多广阔。语文一定要体现一个时代的风貌特征。陈老师敏锐的语文触觉给我们广大师生以很好的启示。

总之，我认为这是一本集时代性、知识性、趣味性和故事性于一体的学习语文的好书，值得推荐。

目录

人物表

万里路，万卷书的哥哥，小学三年级。淘气调皮，机灵活泼，"两耳只闻窗外事"。

万卷书，万里路的妹妹，小学三年级。乖巧听话，手不释卷，"一心只读圣贤书"。

施大作家，大学者，四十岁。和蔼幽默，自信乐观。通晓古今，学贯中西；上知天文，下知地理。此生有"三好"：读书、游历、喝酒。

踏上寻梦的旅程

安福镇住着一户姓万的人家，男主人名叫万事通。不惑之年，与妻子生下了一对龙凤胎，举家欢喜。万家父母一心希望儿女见多识广、饱读诗书，便给儿子取名万里路，给女儿取名万卷书。

世事往往就是这般巧合，正如父母所取的名字一样，兄妹俩性格爱好各不相同。儿子万里路淘气调皮，机灵活泼，"两耳只闻窗外事"；女儿万卷书乖巧听话，手不释卷，"一心只读圣贤书"。

兄妹俩顺利步入小学三年级，到了系统学习语文的年龄。万事通知道，学好语文不仅仅是获得高分那么简单，优秀的语文素养和良好的学习习惯将使孩子受益终生。如何培养孩子的语文学习兴趣？如何为他们的语文学习之路铺好"砖"和"瓦"？这些都成为困扰万事通的问题。

这天，万事通做了一个伟大而充满想象力的决定：让儿女结伴前往"语文王国"，求得名师指点，获取语文秘诀。

春暖花开的日子里，万里路和万卷书在父母的百般叮嘱中，踏上了寻梦的旅程……

1. 成为最好的听众

——走进"倾听王国"

今天，对万里路和万卷书而言，可是个大好日子。为什么？因为他们得知一个天大的好消息，为了更好地深造自己，施大作家也准备前往"语文王国"。

兄妹俩高兴之余难免好奇：小学生要学好语文，去寻找"语文王国"情有可原，一个大作家，为何也要长途跋涉，自找苦吃？

施大作家仿佛看出了他俩的心思，笑着说："我要去'语文王国'，你们一定感到奇怪吧！其实也没什么，像我这样的职业作家，也要定期到外面走走。我的习惯是，每三年外出游历一趟，增加更多的见识与思考。'读万卷书，行万里路'，有些学问写在纸上，有些学问写在大地上哦！"

兄妹俩兴奋地点着头，能和施大作家一起出发，心里别提多开心了！

他们三人前往"语文王国"，要经过的第一个地方，名叫"倾听王国"。

步入城内，好一派和谐的景象。朋友聆听对方的倾诉，孩子倾听父母的叮咛，学生乐听老师的授课，商贩细听顾客的建议。个个心头荡漾欢喜，人人脸上挂满笑容。

"为什么这个王国的人，都这样幸福？"万里路好生诧异。

"21世纪什么最重要？两个字：和谐。"施大作家学着电影明星的语气说。

"和谐？"万里路可搞不懂其中的内涵。

"和谐最重要的内涵就是人与人关系融洽。如何做到融洽？'倾听王国'的国民给了我们重要的启示，那就是要善于倾听。此次充满意义的旅程，就让我们从倾听开始！"施大作家郑重地说道。

"倾听就是在听别人讲话的时候正视对方，对吗？"万卷书天真地问。

"对，这是礼貌，也是最基本的要求。不过，我希望你们能做得更好。"施大作家看了兄妹俩一眼，"倾听有三个要求：勤思考，抓重点，善提问。"

"我知道，勤思考，就是要开动脑筋，听懂对方讲的是什么。"万里路说。

"俗话说，会听听道道，不会听听热闹。但说起来容易做起来难啊！"施大作家感叹道。

"倾听与抓重点又有什么关系呢？"万里路问。

"说话者说的话可能会很长，人的记忆力毕竟有限，这就需要善于抓重点了。能把重点记住，是成为优秀听众的重要标志。

比如刚才我讲的三个倾听要求，不能只记其中一个。"

"前两个我都明白，只是这'善提问'怎么也是倾听的要求呢？"万卷书可不明白。

"这个问题问得好。高质量的交流，不仅看说话者说了什么，更要看听话者记住了什么。因此，遇到听不懂或有疑问的地方，抓住时机提问，不但证明你听得认真，还能让你收获倍增呢！"施大作家循循善诱地引导。

"难怪老师常说，没有问题就是最大的问题。"万里路若有所悟。

"是啊，每个问号的背后都是一片广阔的天地。正像杨澜女士说的：一问一世界。"施大作家的话耐人寻味。

"学生听课也有这样的要求吗？"万卷书想到了上课的场景。

"当然。能做到以上三点，已经很不错了。还有一点也很重要，那就是：多记录。比如在教室里听课，或者接听重要的电话，都要做好记录。所谓'好记性不如烂笔头'！"施大作家说。

"哈哈，我明白了。勤思考、抓重点、善提问、多记录，就能成为一个'倾听高手'！"万里路兴奋极了。

"的确，善于倾听，是对别人的一种尊重。这样的人，也会得到别人的尊重。"说罢，施大作家还跟兄妹俩分享了一个小故事。

美国著名的主持人林克莱特在一期节目上访问了一位小

朋友，问他："你长大了想当什么呀？"小朋友天真地回答："我要当飞机驾驶员！"林克莱特接着说："如果有一天你的飞机飞到太平洋上空时，所有的引擎都熄火了，你会怎么办？"小朋友想了想："我先告诉飞机上所有的人绑好安全带，然后我系上降落伞，先跳下去。"

当现场的观众笑得东倒西歪时，林克莱特则继续注视着孩子。只一会儿，孩子的两行热泪便夺眶而出。林克莱特问他："为什么要这么做？"谁也没料到孩子会这样回答："我要去拿燃料，我还要回来！还要回来！"

"林克莱特太棒了！他能够让这个小孩把话说完，并且在现场的观众笑得东倒西歪时，仍保持着平和与耐心，他是一个真正的倾听者。"万卷书啧啧赞叹。

"倾听太重要了！"万里路连声附和。

"面对接下来这充满挑战的智慧旅程，希望你们能带上倾听这件'法宝'，成为最好的听众，得到满满的收获。"施大作家的目光中，透露出深深的期许。

2. 神奇的记忆
——走进"记忆王国"

"记忆王国"一年一度的记忆大赛正在隆重举行，众选手八仙过海——各显神通。

记汉字、说词语、诵古诗、背古文，精彩的角逐过后，一个初二的瘦高个男孩荣获冠军。

万氏兄妹在台下欣赏着这一场龙争虎斗，情不自禁地拍手称好。比赛一结束，兄妹二人在施大作家的提议下，赶紧找这位冠军请教记忆妙招。

"呵呵！也没什么妙招，就是多动动脑子！"男孩一脸轻松。

"失败有原因，成功有方法。你就给我们指点一二吧！"在高手面前说话，大大咧咧的万里路也变得文质彬彬。

"你就说说吧，待会儿我请你喝冰红茶。"万卷书一脸诚恳。

"我不爱喝冰红茶！"男孩的一句俏皮话，惹得万卷书怪不好意思的。

兄妹俩一阵软磨硬泡，男孩总算答应介绍几种方法。"最常见的就是'歌诀法'。比如大家都熟悉的《三字经》，包括了最基本、最常用的两千多个字，全都是三字一顿，韵律十足。利用歌诀记忆，往往记得快，记得牢。"

"是啊，因为朗朗上口，我五岁的时候就会背了呢！"万卷书得意地说。

"当然，如果有本事，也可以自己编歌谣来记忆。比如'攀'字，有19画，结构复杂，低年级的同学就可以记为：山上小树林，林中长叉藤，大哥伸出手，抓住往上登。"

"果然是好办法！"万里路拍手叫好。

"'谐音法'也很好用。例如金属活动的顺序为钾、钙、钠、镁、铝、锰、锌、铁、锡、铅、铜、汞、银、铂、金。可以记成：加个那美丽的新的锡铅统共一百斤。"男孩边说边笑。

"这也能串得起来啊，真是太逗了！"万卷书笑道。

"当然，'猜谜法'也是不错的选择。这种方法适合用来记一些易错的生字。比如记'魏'字，就可以用'八千女鬼'来记，一定印象深刻。"男孩仿佛有举不完的例子。

"田间一棵小草，小狗守得牢牢。弟弟见了抱它，老鼠见了逃跑。你们猜猜什么字啊？"万里路调皮地给大家出起了个谜语。

"猫！"万卷书不假思考，猜谜可是她的强项。

"还有一种叫'联想法'，就是巧妙通过联想来进行记忆。比如要记住几个毫无关系的词语：柳树、乌龟、牡丹、衣服、草鞋、杜甫、气球、月亮、电灯、日历。你们觉得可以怎么记？"

"这……这……"兄妹俩面面相觑。

"可以把它们编写成一段话，充分发挥想象，越搞笑越好，这样有助于你牢牢记住它们。比如，可以把这些词语连成这样一段话：一棵大柳树下，有只大乌龟，这只乌龟可特别了，头上戴着牡丹花，身穿衣服，脚踏草鞋。杜甫经过这里，看到这情景，觉得好笑，心想：这肯定是只神龟，应该让它上天。于是就在它背后绑了个气球，准备把它升到月亮上。就在这时候，电灯亮了，梦醒了。"男孩眉飞色舞地说道。

"真好！科学研究表明，一个人记住画面的能力要比记住词语句子的能力强得多，要想提高记忆力，充分的联想必不可少。"施大作家及时小结。

"这么多种方法，到底哪一种最好？"万里路还真有点迷糊了。

"条条大路通罗马。只要能记得快、记得准、记得牢，就是好的记忆方法。"男孩一点儿也不含糊地回答。

谢别男孩后，施大作家趁热打铁，给兄妹俩出了道题："今天学了这么多神奇的记忆方法，那你们能在最短的时间内把我国的省、直辖市、自治区、特别行政区统统记下来吗？"

"能！"万里路和万卷书异口同声。

"辽吉黑蒙，冀晋陕宁；鲁皖苏浙，渝沪津京；豫鄂湘赣，台闽滇琼；川黔粤桂，甘新藏青；港澳回归，举国欢庆。"万卷书利用"歌诀法"，不一会儿就记住了。

"四江山河，云贵川藏，吉蒙港台澳；三海湖广，京津陕甘，闽渝新宁皖。"没想到万里路的"对联法"更是让人耳目一新。

有了这次成功的体验，兄妹俩把记忆的目标定得更高了。

"山巅一寺一壶酒……呵呵，我要用'谐音法'记住 π 小数点后面 500 位！"万卷书胸有成竹。

"500 位算什么，我要记小数点后面 1000 位！"万里路同样自信满满。

"你们的想法我支持，不过，与其花时间去记忆这 1000 位，不如多背古诗等经典作品，打好人生的底子。你们觉得哪个更好呢？"

　　施大作家的话引起了兄妹俩的深思。

3. 我也要当播音员

——走进"播音王国"

这日，三人途经"播音王国"，在一家私人旅馆登记住宿。

"老板，房间里有没有汤洗澡啊？"一路风尘仆仆，万里路真想马上冲个澡。

"什么汤？萝卜汤还是酸辣汤？"老板似乎没听清。

"洗澡汤！"万里路加重了语气。

"啊，用'汤'洗澡？我们这里只安排住宿，不提供餐饮，不煮什么汤。"老板还是一脸纳闷。

一旁的施大作家早已笑得前仰后合："此汤非彼汤，万里路的意思是问您这儿是否能提供热水洗澡。"

"热水，可以啊！房间里就有。"老板这才明白万里路的意思。原来，在万里路的老家，"洗澡水"叫"洗澡汤"，所以才闹出这个笑话。

三人顺利入住。

"咚咚咚——"，一阵敲门声响起。施大作家打开房门，只听店老板急匆匆地问："这位专家，我看您很有学问，能帮我个忙吗？"

"请说，要是我能帮到的，一定尽力！"施大作家一向热心肠。

"下午我去了趟电视台，想给旅馆做个广告，可是播音员说广告词有毛病，不给播。您看能帮忙改改吗？"老板边说边递给施大作家一张纸条。只见上面写着：

"四海朋"旅馆重新装修，欢迎广大旅客入住。每日前十名入住者免费赠送一份礼物。

听到屋外的谈话声，万里路和万卷书也凑了过来。二人横读竖读，并没发现这两句话有什么毛病。

众人都把目光投向了施大作家。

"广告词不错，只是'免费'与'赠送'词意重复。后半句改成'每日前十名入住者免费送一份礼物'即可。"施大作家点拨道，众人点头称是。

"哇！'播音王国'果然名不虚传啊！连一份小小的广告词都这么讲究。"万里路一声惊呼，更加坚定了要在这里学好普通话的决心。

晚饭后，三人来到环境优雅的茶馆，有幸遇到一位正在喝茶的知名女主播。

"我们想学好普通话，能给我们指点指点吗？"万里路十分谦虚。

"当然可以啦！"女主播微笑着回答，"其实也没什么难的，就两点要求：把话讲对，把话讲准。"

　　"把话讲对，我们今天算是真正开眼界了！"万里路和万卷书相视而笑。

　　"能给我们说说如何才能把话讲准吗？"万卷书相当珍惜这个大好机会。

　　"比如讲话要注意自己的口形。口形的正误，直接决定发音是否准确。就像学习写字，坐姿和握笔姿势正确了，才有可能写出漂亮的汉字。"漂亮女主播喝了一小口茶后说。

"哦，难怪老师一年级就开始教我们'嘴巴张大ａａａ，嘴巴圆圆ｏｏｏ，嘴巴扁扁ｅｅｅ，牙齿对齐ｉｉｉ'呢！可惜没学好！"万里路面露遗憾。

"请您给我们示范一下，可以吗？"万卷书说。

"比如'家'字，念'ｊｉā'，最后一个韵母是'ａ'。发这个音，最后的口形要比较大，'ａ'的发音要到位，然后再收音。"女主播和颜悦色。

"如果每个字都那么注意口形，发音时样子很难看怎么办？"万卷书也很在意自己的形象。

"当然，刚开始练习或者纠正口形时，可能会比较夸张，觉得古怪别扭。不过别担心，习惯成自然，过些时间你就会适应了。中央电视台《新闻联播》的主持人，他们的口形变化虽然比较小，却能做到发音标准，这是他们长期练习的结果，也是高水平的一种表现。"女主播笑着说。

二人点点头，继续请教。

"另外，就是要注意轻声。"女主播接着说，"普通话里有些词，读轻声和不读轻声是不一样的，不注意会造成误解，甚至闹出笑话哦！"

"是吗？"万里路可没想这么多。

"比如'兄弟'一词，不读轻声表示'哥哥和弟弟'的意思；读轻声则表示'弟弟'或'年纪比自己小的男子'。"女主播一本正经地说。

"还有'运气'这个词，不读轻声表示'武术的一种锻炼方法'；读轻声则表示'幸运'。这是老师教我们的。"万卷书向来细心。

"当然，除了以上讲的口形和轻声，重音也很重要。比如大作家冯骥才《珍珠鸟》一文第一句：真好，朋友送我一对珍珠鸟。如果我想强调喜悦之情，应该重读哪个词呢？"女主播给万卷书出了个考题。

"该重读'真好'。"

"如果要强调是朋友送的，而不是别人送的，应该重读哪个词？"

"该重读'朋友'。"

"如果要强调是送的而不是买的，该重读哪个词？"

"该重读'送'。"

"如果要强调鸟儿的数量，该重读哪个词？"

"该重读'一对'。"

"如果要强调不是其他的鸟，该重读哪个词？"

"该重读'珍珠鸟'。"

……

在这么一问一答的闲聊中，兄妹二人收获满满。

当晚的日记，万里路端端正正地写下了这样一句："二话不说，只说普通话；一心一意，做好中国娃！"

4. 和文字捉迷藏

——走进"阅读王国"

"阅读王国"的城门别具特色，一个繁体的"阅"字被充分利用："门字框"是方砖叠成的城门，"兑"字被设计成一个头顶两条朝天辫正在捧书阅读的小女孩。

城内，仿佛就是书的世界。街道两边立着成百上千个摆满书的架子，广场座椅边码放着新出版的图书，就连洗手间里也放着各种杂志。

公园里，一个白胡子的老爷爷正陪孙子看书，一看就是个满腹经纶的人。兄妹俩决定好好向他请教一番。

"爷爷您好，你们这儿的人可真爱看书啊！"万卷书开始套近乎。

"是啊，这是一个充满书香的地方。能在这里生活，我们感到很幸福！"爷爷和蔼地说。

万里路问："您是阅读方面的专家吗？我们想请教您阅读的高招，请您赐教！"

爷爷摆摆手说："专家称不上，我只是一个退了休的图书馆工作人员。高招也没有，但请你们记住三点：爱读书，会读书，读一定数量的书。"

兄妹俩点点头，爷爷接着说："爱读书，讲的是要对阅读有兴趣。林语堂先生说，生活中，有人一说到读书便装腔作势，或嫌板凳太硬，或嫌光线太弱，或怪房间冷，或恐蚊子多，还怪马路上车声太嘈杂，这些都只是借口而已。其实读书是任何时候都可以的。"

"我想起来了，宋代欧阳修就曾说，平生读书多在三上：马上、枕上、厕上。"万卷书引经据典。

"随口就能引用，看来你也读了不少书！你看欧阳修，骑马的时候读书，睡觉前读书，就连上厕所时也在读书，真是一个'书痴'啊！"爷爷笑着说。

"上厕所读书可不卫生。"万里路嘟囔一句，惹得大家哈哈大笑。

"会读书，如何解释呢？"万卷书接着问。

"这里的'会读书'指的就是讲究读书的方法。有些孩子边阅读边批注，有些孩子边阅读边摘抄，还有的孩子养成了写读后感的好习惯，这些都是'会读书'的表现。读书贵在领会和思考，明亮的双眼和认真思考的大脑必不可少。"爷爷叮嘱道。

"除了批注、摘抄、写读后感外，您还觉得哪些读书方法比较好？"万卷书兴致越来越高。

"方法多着呢！几乎每个人都有属于自己的读书方法。"爷爷说，"比如理学家朱熹就说，读书有三到：心到、眼到、口到。"

"嗯！还有吗？"

"再比如心理学家洛克的'多少法'：学习广博的诀窍是一下子不要学很多的东西。"

"贪多嚼不烂！"

"对，还有著名作家列夫·托尔斯泰的'思维法'：只有靠积极思维得来的才是真正的知识。"

"读书要多思考！"

"还有伏尔泰的'再读法'：读一本旧书，就仿佛与老友重逢。"

“哇，这么多的方法，要是我都掌握了，那该多好啊！”一旁的万里路听得热血沸腾。

“爷爷，那您孙子主要用什么方法读书啊？”万卷书饶有兴致地问了一句。

“他呀，主要用‘捉迷藏’读书法。”爷爷神秘地回答。

“捉迷藏，读书还能和小朋友玩游戏，太好了！”万里路兴奋得手舞足蹈。

“不是和小朋友，是和文字玩游戏。”爷爷给予纠正，“所谓的‘捉迷藏’读书法，就是先看一部分，然后把书合上，自己猜想接下来会写什么。”

“您觉得这种方法好在哪里呢？”万里路觉得这方法很带劲。

“这种方法，看似简单，好处却很多。不仅能促进思考，锻炼思维能力，也加深了对重点内容的记忆。另外，玩捉迷藏似的，能够使神经松弛，大脑得到调节，增加读书的乐趣。”爷爷的话匣子彻底打开了。

“这和数学家华罗庚的读书方法好像啊！”万卷书听着听着，不由地一声惊呼。

“哦，说来听听！”爷爷示意她往下说。

“华罗庚读书时，不是从头至尾一句一字地读，而足对着书名思考片刻，然后熄灯躺在床上，闭目静思。他设想：这样一个题目，如果到了自己手里，应该怎样写……想完后打开书，如果作者写的和他的思路一样，就不再读了。一本本来需要十天半月才能读完的书，他一夜两夜就读完了……"万卷书边回忆老师的介绍边说。

"这就是真正的阅读高手啊！希望你们也能做这样的高手。"白胡子爷爷牵起孙子的手，向不远处的一排书架走去。

5. 天下学问为我用

——走进"资料王国"

写一篇关于恐龙的文章，一直是万里路的心愿。可他"心有余而力不足"，实在不知如何下笔。

或许今天的"资料王国"之旅，会给他某些启发。

原本以为资料王国一定到处堆满资料，不料眼前的一切并非如此。建筑普普通通，街道熙熙攘攘，广场人声鼎沸，就是一个热闹的城市而已。

"施大作家，这'资料王国'怎么一丁点儿资料都没有啊？"万里路有些失望。

"哈哈！你看到的只是表面，过一会儿就知道了。"施大作家卖着关子。

三人在一家饭店落座，招待他们的是戴眼镜的赵老板。

"赵老板，我想查些恐龙的资料，请问您这儿有吗？"万里路心里老惦记着那篇文章。

"恐龙的资料？我这儿可没有，新鲜的龙头鱼倒有。不过，你可以到图书馆啊！我们'资料王国'的图书馆，比美国国会图书馆的规模还大呢！"赵老板自豪地说。

吃完饭，万里路第一个起身，赶往巨型图书馆。

耳听为虚，眼见为实。"资料王国"图书馆是一座由三幢大楼组成的宏伟建筑。在阅览室大厅的圆屋顶下，孔子、苏格拉底、托尔斯泰、柏拉图、牛顿、哥伦布、莎士比亚等众多世界级名人的雕像正俯视着来宾，使来到这里的每一个人都感觉进入了神圣的殿堂。图书馆中600多千米的书架，存放着近8000万件（册）图书资料，其中有许多珍贵的历史资料和名人手稿。

"您好！请问您需要什么帮助？"一位穿白衬衣的图书馆工作人员彬彬有礼地问道。

"我想找关于恐龙的资料，您能帮我吗？"万里路道明来意。

"好的，请稍候！"工作人员转身到柜台前操作起来。不到一分钟，一份围绕"恐龙"的资料目录便被打印了出来，包括书籍、期刊、报纸、剪报、磁带、地图、图片、特种文献、统计表格等，共计十余类一千多项。

惊叹之际，这些资料通过传送带已从四面八方源源不断地送达，整整齐齐地分类码放在万里路面前。

"如果还需要其他相关资料，您还可以乘坐我们的馆内快车，前往指定地点查询。"工作人员提醒道。

"哦，已经足够了，谢谢！"万里路心想：见过多的，没见过这么多的！

在施大作家和妹妹的帮助下，万里路翻阅了一些资料，并做了重点摘录，谢过工作人员，信心满满地离开了。

"我今天的收获好多啊，'资料王国'果然名不虚传！"万里路边走边说。

"你今天主要参阅了图书馆的资料，其实，还有一种查阅资料的方式，那就是用网络查询。"施大作家说。

"难怪图书馆专门开设了电子查阅室呢！"一旁的万卷书忽然想起。

"对，互联网资源丰富，是现代人获取信息的一个重要来源。比较著名的搜索网站有"百度""搜狗"等，可以用关键词搜索自己想要的资料，十分便捷高效。不过，网络信息泥沙俱下、良莠不齐，你们在查找时要懂得理性地处理信息。"施大作家提醒道。

"有了图书馆和互联网的帮助，是不是所有的专题文章都可以写了呢？"万卷书突然冒出个疑问。

"那可未必！即便图书馆、网络为我们提供了丰富的信息资料，但是，要想把文章写得更好，还应该进行实地调查以及请教有关专家，这也是获取第一手资料的方式。"

"可是恐龙已经灭绝了，我到哪儿去实地调查啊？"万里路一头雾水。

"可以去博物馆啊！比如位于四川省自贡市的自贡恐龙博物馆。它是世界三大恐龙遗址博物馆之一。博物馆占地面积约 6.6 万平方米，馆藏化石标本几乎囊括了距今 2.05 亿～1.35 亿年前侏罗纪时期所有已知恐龙种类，是目前世界上收藏和展示侏罗纪恐龙化石最多的地方，被美国《国家地理》杂志评价为'世界上最好的恐龙博物馆'。"施大作家提议道。

"不懂的还可以请教那里的研究人员，对吗？"万里路仿佛开了窍。

"对！但是也要注意对获得的资料进行加工与思考，进而提出自己的一些独特看法。挪威探险家、海洋学家南森曾说，吸收别人的知识，我们的学问可变得渊博，但是别人的智慧却无法帮助我们变得更聪明。期待你的大作早日诞生！"施大作家提醒并鼓励道。

6. 文字天才的游戏

——走进"广告王国"

处处是广告，人人是大师。"广告王国"果然非同凡响。

不远处，一个饰品店，店名为"饰全饰美"，店内人满为患。

旁边的电动车专卖店，扯起横幅，上写"骑乐无穷"。路人经过，禁不住都要上车试一把。你瞧，几个老大娘、老大爷正乐呵呵地试骑呢！

"滴后请将眼球转动数次，以便药水布满全球。"广播里播放的眼药水广告，颇有以小见大的味道。

"按捺不住，就快滚！"微软鼠标的广告，差点就把施大作家和万氏兄妹吓了一大跳。然而细品之下，这句广告语显得如此与众不同：狡黠中透出智慧，既暗示了微软鼠标滚动的灵活，又霸气得让人瞠目结舌。

有霸气的，当然也有内敛的。"本品在世界各地的维修工是最寂寞的。"你听这感觉，好像很无辜，实际很高明。某品牌的空调广告让人记忆深刻。

"请来本店用餐吧！不然你我都要挨饿了。"路边一家餐馆的广告，走的是"同情路线"。

"虽为毫发技艺，确是顶上功夫。"隔壁那家理发店，耍的是"真才实学"。

超市服装区，李维牛仔正展示自己的个性宣言："不同的酷，相同的裤"。李维牛仔向来以个性化的形象出现。在年轻一代中，酷文化似乎是一种从不过时的文化，李维牛仔裤就紧紧抓住这群人的文化特征，以不断变化的带有"酷"字的广告，保持品牌的新鲜和持久的生命力，实在是高！

旁边的美容美发用品区，沙宣洗发水高调宣告："我的光彩来自你的风采！"沙宣是宝洁公司洗发水品牌中的后起之秀，他们请来国际著名美发专家维达·沙宣做自己的品牌形象大使，并用维达·沙宣本人的名字作为品牌，从而树立起专业洗发、护发的形象。"我的光彩来自你的风采"一句广告，的确是神来之笔。

再往前几步，就是手表专区。飞亚达标榜："一旦拥有，别无选择！"的确，当人们的生活品质达到一定高度后，手表就不再只有看时间这么单一的用途了。飞亚达用高贵的品质，把自己与身份感联系起来，使人们戴上飞亚达手表后，颇有唯我独享的尊崇感受。商品卖得好，广告不可少啊！

"欣赏了这么多的广告，能说说你们最喜欢的广告词吗？"走出超市，施大作家问。

"我最喜欢的是中国移动公司的其中一条广告：打不怕，不怕打，怕不打。这分明就是'辣不怕、不怕辣、怕不辣'的翻版，可用在这里堪称经典！"万里路眉飞色舞地说。

"我最欣赏的是义务献血的广告：我不认识你，但我谢谢你！虽然朴素无华，但却真实地反映了义务献血的事实，同时又表达出一个接受义务献血患者的心声。"万卷书说。

"只要摸准门道，广告其实也不难，不如我们也编上几条。"施大作家见二人兴致勃勃，提议道。

"好啊！围绕什么内容来编呢？"万里路跃跃欲试。

"安福镇的白云山世界地质公园景区就要开业了，请你们编几条宣传口号，如何？"施大作家说。

"世界地质公园，闽东云海奇观。"万卷书脱口而出。

"果然了得！不仅说出了景区的主要特点，还能对仗，朗朗上口，厉害！"施大作家连声赞叹。

"登上白云山，祈福保平安。"万里路也说出了自己的设想。

"不错！主打'平安'这个卖点，又能押韵，便于传播。"施大作家也甚为满意。

"能说说你设计的口号吗？"万卷书问施大作家。

"我嘛，设计了两条。第一条：白云山水，尽善尽美。第二条：梦开始的地方，心向往的天堂——白云山。"施大作家轻声吟诵道。

兄妹二人听罢轻轻点头。玩这样的文字游戏真是一种享受啊！

7. 跟 "狼" 住一起

——走进 "错别字王国"

　　巨隆商场门口，正举行商品特卖会，很多 "错别字王国" 的百姓都来凑热闹。

　　一个二十出头的促销员小伙，此刻正激情献唱。也许是记忆力太差，或是害怕出错，总之，他边看歌词边对着话筒演唱，唱过的歌词扔了满地。

　　万卷书随手捡起一张，不看不知道，一看吓一跳。童安格《耶利亚女郎》中的 "耶利亚神秘耶利亚，耶利耶利亚" 被写成了 "野驴啊神的野驴啊，野驴野驴啊"……

　　带着好奇，万里路也捡起了一张。王力宏《龙的传人》中的 "巨龙巨龙你擦亮眼，永永远远地擦亮眼" 被写成了 "巨龙巨龙你差两年，永永远远地差两年"……

　　"怎么样？见到 '神的野驴' 和 '差两年的巨龙'，惊奇吧！" 施大作家调侃道。

　　"哈哈，太搞笑了！" 万里路笑得前俯后仰。

待到宣传板抬出来，三人更是不敢相信自己的眼睛。只见上面写着：大特卖的商品有女妹、男妹、糖果、圆珠笔、鸡毛掸子……

"哦，苍天！难道妹妹也有男女之分不成？"万里路一声惊叫。

"错了，错了，应该是'女袜''男袜'吧！"万卷书嘀咕了一句。

"看来这里有人贩子，不宜久留，我们走！"施大作家说了句俏皮话。

还没走多远，就见一家饮料店的招牌上写着：鲜炸果汁。万里路读后，自言自语道："这'炸'应该改成'榨'才对，我真担心客人在喝饮料的时候会被炸飞啊！"

饮料店旁边，是一家银行。抬头看，六个大字甚为气派——中国农业很行。施大作家心想：把"银行"写成"很行"，也太离谱了吧！

天色昏暗，三人在一家客栈住了下来。

见三位书生学子模样，不识字的老板娘便把一封信拿出来，请他们帮忙读读。这是老板娘儿子大胖暑假去农村体验生活的来信：

爸爸妈妈，我现在住在房东老大狼家，和老大狼住在一起，每天早上她都把我咬醒。在乡下，我尽量少吃，只保持一天三吨，早上一吨，中午一吨，晚上一吨……

还没等万卷书读完，老板娘就大惊失色，忙叫道："快救救我儿子，他每天都跟狼在一起啊！那么胖了，还一天吃三吨，这不要我命吗……"

"大娘您别担心，这都是错别字惹的祸！您孩子没事儿，是和乡下老大娘在一起，一日吃三顿，很正常。"施大作家安慰道。

老板娘这才破涕为笑。

回到房间，三人继续聊天。

"看来这错别字还真是麻烦，老爱闯祸！"万卷书感叹道。

"唉，真不知道这'错别字王国'里的人是如何生活的。"

万里路也是一声长叹。

"你还真别说，不仅今人，古人也常写错别字呢！"施大作家笑着说。

"噢，说来听听！"兄妹二人相当期待。

"相传清朝中堂大人李鸿章有个远房亲戚赶考，呆坐半天也做不出答卷，于是便想'走后门'中榜，就在试卷上写：我是中堂大人李鸿章的亲妻！主考官看后又好气又好笑，提笔批道：'既是中堂亲妻，我定不敢娶（取）！'"施大作家翻开随身携带的《中国古代笑话》，万里路念后笑得肚子都疼了。

"还有一例。"施大作家又翻到了新的一页，"清代一次科举考试，有个考生因不懂《尚书·秦誓》中'昧昧我思之'一句的意思，将其写成了'妹妹我思之'。主考官开始不明其意，继而哑然失笑，批道：'哥哥你错矣！'两者恰好构成工整的对仗。"

"哈哈！既然错别字古来有之，有没有什么办法将它斩草除根呢？"万卷书笑问。

"要斩草除根很难，但应尽量避免才是。其实很多错别字的出现都是因为粗心造成的，写完后要细心检查一遍，就能消灭十之八九了。"施大作家说。

"那剩下的十之一二怎么办？"万里路调皮地问。

"剩下的，就考验你的硬功夫啦。比如要学会字形辨析法。"施大作家说。

"字形辨析法，请具体说说！"万里路立马摆出好学样。

"所谓的字形辨析法就是抓住字形的特点，通过形象性的理解来辨析同音字。比如同音字'从'和'丛'。'从'字由前面一个人和后面一个人组成，可理解为'一个人跟着另一个人'，即'跟从''随从'的'从'；'丛'下面一横像地面，上面的'从'是花、草，所以可以想象为'长在一起的草木'，即'花丛''草丛'的'丛'。"施大作家耐心解答。

"哦，我知道了。根据偏旁也能做些判断。比如'情'和'晴'，'情'有'心'，和心情、感情有关；'晴'有'日'，和太阳、天气有关。"万里路心领神会。

"这些方法当然都很好用，不过，勤查字典或者词典才是最重要的……"施大作家叮嘱道。

夜已很深了，三人还沉浸在汉字的美妙世界里。

9. 笔墨之美

——走进"书法王国"

"书法王国"的展厅里，万卷书被一堆龟壳和兽骨吓了一大跳："我的苍天啊，这是什么鬼地方，门口尽摆这些吓唬人的东东！"

"嘘！小点儿声，免得让人笑话。仔细看看，这上面可是大名鼎鼎的甲骨文。"施大作家小声说道。

"甲骨文是什么玩意儿？"见多识广的万里路也不由得好奇起来。

"所谓的甲骨文，就是古时候的人刻在甲骨上的文字。"施大作家回答。

"哦，想起来了。老师好像说过，甲骨文是现存中国古代最古老的一种文字，距今有三千多年的历史呢！"万卷书似乎想起了什么。

"甲骨文，结构上虽然大小不一，错综变化，但已具有对称、稳定的格局。所以有人认为，中国的书法，严格讲是由甲

寻找语文王国（基础知识篇）

骨文开始的，因为甲骨文已具备书法的三个要素，即用笔、结构、章法。"施大作家补充道。

听施大作家这么一说，兄妹俩对这些龟壳、兽骨不由刮目相看了。

"你们瞧，这是秦朝丞相李斯所书的《泰山刻石》拓片。这些小篆，用笔似锥画沙，劲如屈铁，体态狭长，结构上紧下松，平稳端严，疏密匀停，实为精品。"施大作家将兄妹二人引到一个橱窗前。

二人点点头。

"施大作家，这些扁扁的是什么书体啊？"万卷书疑惑地指着旁边一座石碑问。

"这个嘛，叫隶书。"施大作家回答，"小篆虽然严谨端庄，但是因为书写速度慢，渐渐就被隶书取代，到了汉朝，就是隶书的天下了。"

"那楷书是什么时候出现的呢？"万卷书满是疑问。

"楷出汉隶。汉隶之后，就是楷书。"施大作家说。

"哦，想起来了。老师说过有'楷书四大家'呢！"万卷书说。

"对，就是鼎鼎大名的欧阳询、颜真卿、柳公权和赵孟，他们的书法风格独树一帜，彪炳千古。"施大作家边说边提醒他们认真观赏欧阳询的《九成宫醴泉铭》。

"那王羲之写的是什么书体呢？"万里路想起老爸喜欢的一个大书法家，随口便问。

"东晋的王羲之主要写行书和草书。他的《兰亭序》还被称为'天下第一行书'呢！"施大作家提高了嗓门。

"有'天下第一行书'，那有没有'天下第二行书'啊？"万卷书笑嘻嘻地问道。

"有啊，颜真卿的《祭侄文稿》。"

"'天下第三行书'呢？"万卷书追问。

"也有啊，苏轼的《黄州寒食帖》便是。上二楼我们就会看到，到时让你们过足眼瘾。"施大作家如数家珍。

037

"哦，我只是随便问问，没想到还真是有。"万卷书算是开了眼界。

"哇，这么多的书法作品，看都看不过来，怎么欣赏才好呢？"万里路可想学点真本事。

"这个问题问得好！书法欣赏第一式：远观。所谓远观，就是对书法作品进行整体观察，全面分析。具体来说，可以从作品的章法、神采等方面入手。"施大作家点拨道。

"章法是什么？"万卷书有些不明白。

"章法就像人的外衣一样，最能看出整幅书法作品的风采。最重要的是看字与字、行与行和整体是否合理、妥帖，是否符合基本的格式规律，上下是否对称，左右是否和谐统一，落款盖章是否得当。"施大作家耐心解答。

"那神采呢？书法还有生命不成？"万里路看来要打破砂锅问到底了。

"神采，指字体现的气质、风貌和个性。字写得漂亮但未必有气质。漂亮是指外表美，气质则指内在美。字的笔画、结构章法是外在美，字的气质、意蕴则是内在美。"虽然施大作家解释一番，万里路还是似懂非懂，看来只能等日后慢慢领悟了。

"除了远观之外，肯定要近看。那近看看些什么呢？"万卷书试图自己琢磨，但找不出门道。

"近看，主要看运笔是否正确得法。宋代书法家米芾曾说，得法虽细如发亦圆，不得法虽粗如椽亦扁。这话的意思是说，正确笔法写出的笔画虽像头发一样细，但看上去是圆实的；如果笔法不正确，写出的笔画虽然像屋顶上的椽木那样粗，看上去却扁薄、空虚，没有分量。"施大作家说。

"哇，这白纸黑字的背后，原来还有这么多的学问啊！今后我也要好好练习书法！"万里路信誓<u>旦旦</u>。

"书法是我国传统文化的精华，享有'东方艺术之冠'的美称。作为中国人，不管什么时候，都应该学会欣赏书法，写好汉字。"走出"书法王国"展厅大门的时候，施大作家意味深长地说道。

9. 浓缩的精华

——走进"成语王国"

在汉语的广阔天地里，有一个"成语王国"。

那里风和日丽，山清水秀，叫人流连忘返；

那里姹紫嫣红，奇花异草，叫人目不暇接；

那里生机勃勃，珍禽异兽，叫人耳目一新。

来到"成语王国"，三人发现这里的一切都是那样与众不同。耳边所听，眼前所见，几乎都与成语有关。

广场上，每天一次的成语大赛正如火如荼地举行。万里路兄妹俩也想试试身手。

第一关：成语接龙。接得上的继续比赛，接不上的淘汰出局。

"胸有成竹。"主持人说出第一个。

"竹报平安。"万卷书紧跟其后，顺利通过。

"安富尊荣。"

"荣华富贵。"

"贵耳贱目。"

"目无余子。"

"子……子虚乌有。"万里路总算抢到了一个，顺利过关。

第二关：说出带有近义词和反义词的成语各一个。

"见多识广，天昏地暗。"这下万里路一马当先。

"察言观色，弄巧成拙。"万卷书紧随其后。

……

此关共有三人被淘汰。

第三关：说出含有动物名称的成语三个。

"鱼目混珠，牛鬼蛇神，虎视眈眈。"胖胖的小男孩第一个冲关成功。

"兔死狐悲，龙飞凤舞，画蛇添足。"万里路顺利通过。

"鸡毛蒜皮，狗急跳墙，狼吞虎咽。"万卷书毫不示弱，紧随其后。

……

这一关之后，场上只剩下十人参赛。

第四关：根据词语猜成语。

"退潮，请猜一个成语！"主持人报出第一个词。

"水落石出。"万卷书拔得头筹。

"剪彩，请猜一个成语！"

"一刀两断。"胖男孩果然实力了得。

"文盲，请猜一个成语！"

"目不识丁。"又一个女生答对。

很遗憾，只有三人能进入下一关，万里路悲惨出局，只好掩面哭泣。

第五关：说说成语之最。

"最高的人——顶天立地。"

"最长的腿——一步登天。"

"最长的寿命——万寿无疆。"

"最宝贵的话——金玉良言。"

"最贵的稿费——一字千金。"

"最难做的饭——无米之炊。"

"最大的被子——铺天盖地。"

"最大的幸运——九死一生。"

……

又是一番激烈角逐，万卷书和胖男孩进入决赛。

决赛局：现场写一段话，看谁的成语用得好。

五分钟后，胖男孩和万卷书同时停笔。胖男孩所写内容如下：

饥不择食的我们点了综合火锅，一家子添油加醋完毕，就等着火锅赶快沉鱼落雁，好问鼎中原。汤料沸腾后，我们呼天抢地、面红耳赤地蚕食鲸吞，很快就只剩少数的漏网之鱼。结账的时候，老板露出了"庐山真面目"，要一饭千金，爸爸气得吴牛喘月，妈妈也委屈得牛衣对泣。

万卷书则写道：

人生，很多的事情就像是过眼云烟，稍纵即逝。生活不可能总是尽善尽美的，你要学会坚强，只要找到坚定不移的信念，竭尽全力面对困难，就会迎来明天的辉煌。

本次"成语大赛"，到底谁会获得冠军，你能猜得出来吗？

10. 听听"俏皮话"

——走进"歇后语王国"

自从上次在"成语王国"惨遭淘汰后，万里路一直耿耿于怀，总想再找机会证明自己的实力。

机会终于来了。"歇后语王国"即将举行每月一次的歇后语大赛，万里路真是"三把钥匙挂胸口——开心开心真开心"。

比赛如期举行，前往赛场的人，那可真是"天上的星星——数不清"。

主持人风趣开场："今天我们在此举办歇后语大赛，希望各位能八仙过海——各显神通。我们也不是王婆卖瓜——自卖自夸，而是希望通过比赛，相互学习，共同进步。下面比赛正式开始！"

话音刚落，台下就响起一阵热烈的掌声，那简直就是毛竹进锅塘——噼里啪啦响。

"第一轮：补充歇后语！"主持人大声宣布。

"卢沟桥的狮子——"

"数不清。"

"泥菩萨过河——"

"自身难保。"

"狗咬吕洞宾——"

"不识好人心"

"姜太公钓鱼——"

"愿者上钩！"众多高手中，万里路第四个抢得下一轮入场券。

……

首战共淘汰了三十多个人，万里路表现马马虎虎。接下来，他要向更高的目标挺进。

"第二轮：歇后语接龙！按选手顺序，轮流说出'一'到'十'开头的歇后语。开始！"比赛渐入佳境，主持人也越来越激动。

"一朝遭蛇咬——十年怕井绳。"

"二十一天孵不出——坏蛋。"

"三伏天穿棉袄——里外发烧。"

"四两棉花——谈（弹）不得。"

"五更天唱歌山——练练嗓门。"

"六月间的扇子——借不得。"

"七窍通了六窍——一窍不通。"

"八十岁的老太太打哈欠——一望无涯（牙）。"

"九牛一毛——量多数少。"

"十字路口迷了路——不分东西南北。"万里路机智应对，总算抓住了最后一个机会，顺利晋级。

目前，场上只剩下十个选手了。万里路暗暗给自己鼓劲儿。

"第三轮：巧填歇后语。根据以下各种情况，说一句最恰当的歇后语。"

"这学期小明各门功课都在90分以上，大家都夸他有进步。小明这叫——"

"芝麻开花——节节高。"穿粉色连衣裙的小女孩率先答道。

"李时珍经过二十几年的不懈努力，终于写成了药学巨著《本草纲目》。这真是——"

"铁杵磨成针——功到自然成。"

"人们都说朱小龙修汽车是把硬手，这次看了他的修车表演，果真如此，真可谓——"

"华佗行医——名不虚传。"万里路高声答道。

本轮十进三，万里路险过。

"第四轮：歇后语溯源。请说出相应作品中的歇后语。"主持人扯开了嗓子。

很显然，这一轮难度加大。

"请说出源自《三国演义》的歇后语五个。"

"张飞使计谋——粗中有细；诸葛亮弹琴——计上心来；曹操遇蒋干——倒了大霉；阿斗当皇帝——软弱无能；草船借

箭——坐享其成。"穿粉色连衣裙的小女孩滔滔不绝。

"请说出源自《西游记》的歇后语五个。"

"花果山的猴子——无法无天；猪八戒照镜子——里外不是人；白骨精一计未成——又生一计；观音菩萨进澡堂——左右为难；牛魔王和小白龙拍大头贴——正宗的牛头马面。"万里路一气呵成，终于进入决赛。

"第五轮：妙用歇后语。本轮决赛，两位选手用尽可能多的歇后语写一段话，看谁用得巧妙。"主持人宣布决赛开始。

台下观众屏息凝视，可谓"徐庶进曹营——一言不发"。五分钟后，两人均已停笔。

万里路写道：

不好好学习，将来只能是阿斗式的人物——没能耐。就算学手艺，如果没文化，依旧是阿二当郎中——没人敢请。我知道你挨鞭子不挨棍子——吃软不吃硬，还喜欢挨打的狗去咬鸡——拿别人出气；说你几句，你还像那挨了棒的狗——气急败坏。你老老实实地在板上敲钉子——稳扎稳打吧！

粉色连衣裙的小女孩写道：

在汉语的广阔天地里，有一个歇后语王国，那里有许多居民，他们的生活真是芝麻开花——节节高，每天过着外甥打灯笼——照旧（舅）的平静生活。有一天，来了两个外地人，见这里环境幽雅，人们悠然自得，有点丈二和尚——摸不着头脑。他们东看看，西看看，更是擀面杖吹火——一窍

不通。于是，他们向正在下棋的一老一小打听。小孩是茶壶里煮饺子——满肚子的话说不出，老人说："你是黄鼠狼给鸡拜年——没安好心吧？"来者道："我可是小葱拌豆腐——一清二白哟。你不说便罢，别赖好人，说不定有一天，我们那儿比你这里强百倍，来个砌墙的砖头——后来居上。"老者回答："咱们骑驴看唱本——走着瞧。"

真是"二虎相争——必有一伤"。决赛结果，万里路以微弱的差距屈居第二，但他已经很知足了。

很多时候，重要的是参与的过程，而不是最终的结果。难道不是吗？

11. 老大爷的"天气预报"
——走进"谚语王国"

这天，三人路过一个村子，看到一位老大爷正在收谷子。

"大爷，您看这天气还好，怎么就把还没晒干的谷子收起来呢？"万里路满是好奇。

"别看现在天气还不错，过一会儿就会下雨咯！"大爷边扫边答。三人见大爷一个人忙着辛苦，便主动上前帮忙。

"大爷，您怎么知道要下雨，难道您看了天气预报？"万卷书把一簸箕谷子倒入袋子。

"我没看什么天气预报，全都是凭经验罢了！"大爷随口答道。

"经验？什么经验？"万里路更来了兴趣。

"有句谚语叫'有雨山戴帽，无雨山没腰'。你看，这雾气笼罩山顶，明天肯定会下雨，还是早些准备为好！"大爷擦了擦头上的汗。

兄妹俩半信半疑，心想：等到明早，就能验证大爷所说的话是否为真。

众人合力帮大爷把谷子送回家。大爷为表感激，就留他们借宿一晚。三人正愁无处落脚，自然甚是高兴。

虽然粗茶淡饭，但是其乐融融。饭桌上，兄妹二人向大爷请教如何预测天气。

"我们'谚语王国'的人主要根据谚语来判断天气。比如：久晴大雾必阴，久雨大雾必晴；日落胭脂红，无雨必有风；日晕三更雨，月晕午时风；夜里星光明，明朝依旧晴；今夜露水重，明天太阳红；燕子低飞蛇过道，蚂蚁搬家山戴帽……"大

寻找语文王国（基础知识篇）

爷开口就是一连串。

"哇！真多啊！你们'谚语王国'除了关于气象的谚语，还有其他方面的吗？"万里路追问道。

"当然有啦！"大爷与施大作家轻轻碰了碰酒杯说，"还有很多农业生产方面的谚语。"

"请给我们说几条吧！"

"比如：麦要浇芽，菜要浇花；清水下种，浑水插秧；六月不热，五谷不结；稻如莺色红，全得水来供；六月盖了被，田里不生米；寸麦不怕尺水，尺麦但怕寸水；樟树落叶桃花红，白豆种子好出瓮。"说完，老大爷将杯中酒一饮而尽。

吃罢晚饭，休息了十来分钟后，老大爷便在屋内来回走了起来。这让万卷书感到奇怪，起身上前道："大爷，您为什么不躺着休息，而是走来走去啊？"

"饭后百步走，能活九十九。我这是在慢走，促进消化啊！"大爷爽朗一笑。

待大爷入屋休息之后，兄妹俩分坐在施大作家左右，畅聊收获。

"我觉得'谚语王国'的人很了不起，虽然他们学历不高，但是凭着世代相传的经验，积累了一条条天气和农业方面的谚语，过着丰衣足食的日子，真好！"万卷书感叹道。

"的确，谚语虽然简短，但是体现出了劳动人民丰富的社会生活经验，闪耀着人民智慧的光芒。"施大作家说。

"既然说到生活经验，说明还有很多谚语是我们今天没听到的！"近段时间，万里路善于倾听，懂抓重点。

"对，生活经验类的谚语更多了。"

"我知道，我知道！"施大作家话音刚落，万卷书就迫不及待地说，"寒从脚起，病从口入；耳听为虚，眼见为实；打柴问樵夫，驶船问艄公；水落现石头，日久见人心；三天不念口生，三年不做手生；当家才知柴米贵，出门才晓路难行；人是铁，饭是钢，一顿不吃饿得慌……"

"能记住这么多，厉害！其实有些谚语中所蕴含的哲理智慧，一点也不比名言格言差！"施大作家说。

"这样的谚语我背得可多了！"万里路好像一下子开了窍，"人心齐，泰山移；满招损，谦受益；人要实心，火要空心；人在世上练，刀在石上磨；学问勤中得，富裕俭中来；奢者富不足，俭者贫有余；世上无难事，只怕有心人；人不可貌相，海水不可斗量；常在有时思无时，莫到无时想有时。"

"我也知道，我最喜欢的是'茄子不开虚花，真人不说假话'，这句谚语在不断提醒着我要做一个诚实的人。"万卷书说。

"'三个臭皮匠，赛过诸葛亮'。在聊天中，我们都有了不小的收获和感悟。今天就到这儿吧，'早睡早起，赛过人参补身体'哦！"施大作家起身走向房间。

第二天一大早，天上果然飘起了雨。这可真是"老姜辣味大，老人经验多"啊！

12. 思想的盛宴

——走进"格言王国"

　　法国思想家傅里叶的理想是要创造一个未来的新社会，然而这需要付出极大的努力。他怕自己睡懒觉，耽误了理想的实现，就让仆人每天在他该起床的时候提醒他："该起床了，伟大的理想正召唤着你！"他用这句话激励自己，所以每天都特别兴奋，浑身上下仿佛都有使不完的劲儿。

　　有时候，一句话会决定人的一生。

　　"格言王国"的大理石城门上，镌刻着五个大字"认识你自己"，在阳光的照耀下熠熠生辉。

　　"我当然认识我自己了。我叫万里路，万事通的儿子，万卷书的哥哥……"万里路怎么也揣摩不出这五个字背后的内涵。

　　听到哥哥的嘀咕，万卷书赶忙揶揄了一句："你就别在那儿嘟囔了，这话含义深刻着呢！"

　　"的确，这简简单单的五个字，却包含着这个宇宙最深奥的智慧，也揭示了人类最难跨越的一道坎。"施大作家的话颇有嚼头。

　　城内，一派繁荣的景象。人人各司其职，个个面带笑容，好像十分享受现在的生活。

　　带着好奇，三人在当地一家最知名的饭店落座，热衷厨艺的老板接待了他们。因为开饭尚早，老板陪他们唠起了嗑。

　　"你们这儿的人好像幸福感十足啊！这是什么原因呢？"万里路开门见山。

　　"不瞒你说，我们这儿的人，各个都有秘密武器呢！"老板笑着说。

"秘密武器？"万里路瞪大了眼睛。

"对，我们这儿的人，每人都会在智慧国王的指点下，根据自己的能力性格、职业特点等，精选一条格言，作为自己的座右铭。然后，将它作为一辈子的精神伴侣。"老板微笑着说。

"那您能告诉我们，您的座右铭是什么吗？"万里路眼里充满了期待。

"方向和努力一样重要！"老板不假思索。

"为什么你会选择这句话呢？"万卷书听后一知半解。

"我换过的职业很多，最后还是下定决心当厨师，因为我发现自己骨子里是喜欢烹饪的。当一份份亲手制作的美味佳肴端上桌，我会觉得特别有成就感。一个人一辈子只能做一件大事，而我，选择了当厨师，就一心一意，全力做好，不管什么困难都不能阻止我为这个梦想而拼搏。二十年的努力，我用行动证明了自己，也验证了这句话的正确。"老板娓娓道来，笑谈之间，给了万里路和万卷书深深的震撼。

真是一场思想的饕餮盛宴。告别"厨师老板"后，施大作家提议到大街上逛逛，顺道采访一些人。

"您好，请问您最喜欢的格言是什么？"兄妹二人展开了随机采访。

每一个路人，都充满骄傲地说出自己喜欢的格言：

"书籍是培植智慧的工具！"背着书包的少年说。

"一个人的快乐，不是因为他拥有的多，而是因为他计较的少。"身着蓝色上衣的工人说。

"成功是一种观念，成功是一种思想，成功是一种习惯，成功是一种心态。"公司白领说。

"教育是一项事业，事业的意义在于奉献；教育是一门科学，科学的价值在于求真；教育是一种艺术，艺术的生命在于创新。"穿白色连衣裙的女教师说。

"生气就是拿别人的过错来惩罚自己。"牙齿都快掉光的老太太说。

……

"感受完这么多人的智慧，能说说你们最喜欢的格言吗？"施大作家扭过头，问兄妹俩。

"天行健，君子以自强不息；地势坤，君子以厚德载物！"万里路口沫飞溅。

"心有多大，世界就有多大！"万卷书饱含深情。

说罢，二人齐声问："那您的呢？"

"认识我自己！"施大作家神秘一笑。

兄妹二人做晕倒状。

13. 民间文化的魅力
——走进"歌谣王国"

民间文学是一座宝库，民间文化有着无穷的魅力。

这天，三人向"歌谣王国"走去。

"施大作家，什么叫歌谣啊？歌谣跟歌曲一样吗？"喜欢唱歌的万卷书天真地问。

"歌谣是民歌、民谣、儿歌、童谣的统称。歌谣和歌曲相似，但也有不同。歌谣以押韵为主，往往表达一些有趣的小事，有时也阐述一个深刻的道理，一般比较简短。"施大作家答道。

正走着，不远处飘来一段动听的歌谣："采茶采到茶花开，漫山接岭一片白。蜜蜂忘记回巢去，神仙听歌下凡来。"白衣少妇一边采茶一边唱起了《采茶歌》。

"拿起锄头锄野草，锄去野草好长苗。立夏锄田遍地走，入伏锄头不离手。头遍浅来二遍深，锄头拉到庄稼根。湿锄高粱干锄花，小雨带露锄芝麻。锄头有水又有粪，锄头底下出黄金。稻头田里锄三朝，拐儿粒子结到梢。勤锄棉田棉苗旺，结桃开花白如霜。豆薅三交粒子圆，谷锄七交米香甜……"正在地里劳作的汉子唱起了《锄草歌》。

在这原汁原味的民间歌谣里行走，真是一种朴素的幸福。

不知不觉，三人来到了"歌谣王国"。时值端午，到处被浓郁的节口气氛笼罩着。

"五月五，是端午，背个竹篓入山谷。溪边百草香，最香是菖蒲。"一位正在门口挂艾草、菖蒲的父亲唱道。

"粽子香，香厨房。艾叶香，香满堂。柳枝挂在大门上，出门一望，白菜野花，遍地黄，风送花儿香。"一个包粽子的大娘正哼着歌谣。

"五月五，是端阳。门插艾，香满堂。吃粽子，洒白糖。龙舟下水喜洋洋。"头扎马尾辫的小姑娘边跳边唱。

"哇，有了这些歌谣，生活就更热闹了！"万卷书情不自禁地感叹。

"是啊，几乎每个节日，都有相关的歌谣。"施大作家说。

"比如中秋节，有哪些歌谣呢？"万卷书问。

"中秋月，净无瑕，圆如镜子照我家。打麦场边屋檐下，照着地上小娃娃。娃娃牵手同玩耍，转个圈儿眼昏花，一不留神摔地下，连声喊痛叫妈妈。"施大作家边哼边笑。

"重阳节呢？"

"九月九，九重阳，菊花做酒满街香。"施大作家一脸陶醉。

"春节的呢？"

"新年来到，人人欢笑。姑娘要花，小子要炮，老太太要块大年糕，老头要顶新毡帽。"施大作家又扯起了嗓子。

"元宵节呢？"

"卖汤圆卖汤圆，小二哥的汤圆是圆又圆。一碗汤圆满又满，三毛钱呀买一碗。汤圆汤圆卖汤圆，汤圆一样可以当茶饭。唉嗨哟……"施大作家越唱越来劲儿。

夜晚，三人在一户人家借宿。正欲躺下，小院里飘来一阵动听的声音。

"月儿弯弯像小船，带俺娘们去云南。飞了千里万里路，凤凰落在梧桐树。凤凰凤凰一摆头，先盖瓦屋后盖楼。东楼西楼都盖上，再盖南楼遮太阳……"

借着微弱的月光，才看清是房东母女俩。母亲用甜甜的嗓音深情地为女儿吟唱，轻轻地，像三月的和风，像小溪的流水，小院立即飘满芳香的音韵。

这位母亲不仅唱歌谣，还唱起了幽默风趣的童谣：

"小红孩，上南山，割荆草，编箔篮，筛大米，做干饭。小狗吃，小猫看，急得老鼠啃锅沿。"

"小老鼠，上灯台，偷油喝，下不来——老鼠老鼠你别急，抱个狸猫来哄你。"

"毛娃哭，住瓦屋。毛娃笑，坐花轿。毛娃醒，吃油饼。毛娃睡，盖花被。毛娃走，唤花狗，花狗伸着花舌头。"

……

"农村有很多母亲，虽然不识字，却是很好的启蒙老师。她们用一双勤劳的手，打开了民间文学的宝库，用智慧才华启迪孩子的想象。她们随时随地唱的那些明快、流畅、含蓄、风趣的民间歌谣，注定会陪伴孩子幸福成长……"

讲到这儿，施大作家的眼睛湿润了。他想起了自己那不识字的母亲。

14. 我会写校歌
——走进"歌词王国"

　　"让我们荡起双桨，小船儿推开波浪。海面倒映着美丽的白塔，四周环绕着绿树红墙。小船儿轻轻飘荡在水中，迎面吹来了凉爽的风……"

　　泛舟美丽的翠屏湖上，万里路和万卷书不由唱起了歌。

"喜欢这首歌吗？"施大作家随口一问。

"当然喜欢了！"万卷书依然陶醉在美妙的旋律中。

"能说说喜欢的原因吗？"施大作家问。

"因为这首歌的旋律很好听啊！"万里路抢先回答。

"我觉得这首歌的歌词也特别好，把当时环境的美都展现出来了，特别棒！"万卷书说。

"的确，好的歌词，就是一首精彩的诗。词作家的文学素养往往都很高。"施大作家表示认同，"能说说你们喜欢的一些歌的歌词吗？"

"我喜欢《隐形的翅膀》中的歌词：每一次，都在徘徊孤单中坚强；每一次，就算很受伤也不闪泪光。我知道，我一直有双隐形的翅膀，带我飞，飞过绝望……"万卷书唱起了最爱的励志歌曲。

"我喜欢《青花瓷》中的句子：素胚勾勒出青花笔锋浓转淡，瓶身描绘的牡丹一如你初妆。冉冉檀香透过窗心事我了然，宣纸上走笔至此搁一半……"周杰伦和方文山演绎的"中国风"彻底俘虏了万里路的心。

正唱得尽兴，不知不觉小船已靠岸。下船处，正是传说中的"歌词土国"。据说，那里的人，个个都是写歌词的好手。

"我是一个小画家，画画本领强。我要把那小房子，画得很漂亮。画了上面画下面，手中画笔忙。哎呀我的两只手，脏呀脏死了。"不远处，一个戴红领巾的平头男孩正饶有兴致地改

寻找诗文王国（基础知识篇）

编《粉刷匠》的歌词呢。

"我是一个小厨师，炒菜本领强。我要把那大白菜，炒得喷喷香。炒了一盘又一盘，勺子飞舞忙。哎呀我的小鼻子，香呀香歪了。"穿紫色衣服的可爱女孩也即兴来了一段。

再往前走，一群身着各色服装的妇女正在即兴编着《对鲜花》呢：

我说一个一，你说一个一，什么开花在水里？

这朵鲜花瞒不了我（呀儿哟），菱角花开在水里（依格呀儿哟）。

我说一个二，你说一个二，什么开花像木耳？

这朵鲜花瞒不了我（呀儿哟），凤仙花开像木耳（依格呀儿哟）。

我说一个三，你说一个三，什么开花红满山？

这朵鲜花瞒不了我（呀儿哟），山茶花开红满山（依格呀儿哟）。

我说一个四，你说一个四，什么开花满身刺？

这朵鲜花瞒不了我（呀儿哟），蔷薇花开满身刺（依格呀儿哟）。

我说一个五，你说一个五，什么开花会跳舞？

这朵鲜花瞒不了我（呀儿哟），油菜花开会跳舞（依格呀儿哟）。

我说一个六，你说一个六，什么开花戴上头？

这朵鲜花瞒不了我（呀儿哟），栀子花开戴上头（依格呀儿哟）。

……

"哇，世界上有那么多美丽的花，她们还能无穷无尽地往下编，对吧？"万里路似乎发现了其中的规律。

"对啊，其实编写歌词也没那么难，跟写现代诗差不多。著名学者闻一多先生认为，诗歌有'三美'——绘画美、音乐美、建筑美，也就是要做到辞藻丰富、押韵到位、句式匀整，写歌词也是如此。当然，最重要的还是要凸显所表达的主题和情感。"施大作家轻松地说道。

"哦，这么简单啊！我们安福镇实验小学教育集团还没有校歌呢！要不我们一起写一首，作为献给母校的礼物？"万卷书灵光一闪。

"好啊，实小教育集团有三个校区，分别是龙江校区、南湖校区和阳泉校区。我们按照一定的格式，每人写一段，然后再组合在一起，好吗？"万里路也显得异常兴奋。

"百川东到海。江、湖、泉，既然都与水有关，这校歌就叫《大海，我是你的一滴》吧！"施大作家果然才思敏捷。

不到半个小时，校歌的歌词便新鲜出炉：

奔腾的江水，浩浩荡荡，流向天际。享受阳光，沐浴风雨，带着微笑，汇入大海。浪花朵朵，风光旖旎，我们分享你的美丽。

清澈的湖水，潺潺漾漾，包容大气。传承精神，勇者姿态，带着自豪，汇入大海。放飞梦想，敞开胸怀，我们谱写爱的奇迹。

晶莹的泉水，叮叮咚咚，活泼可爱。洗涤心灵，穿越阻碍，带着希望，汇入大海。源远流长，上善若水，我们创造新的传奇。

你觉得万里路兄妹俩写的歌词能被采用吗？

15. 欢乐的聚会
——走进"笑话王国"

"笑话王国"每晚八点的欢乐聚会，吸引了四面八方的游客。

按照规矩，轮流讲笑话前，先听两首歌，调节一下现场气氛。

新的女主持第一次上台，主办人员再三嘱咐她不要紧张，可她还是紧张。上场后报的第一个节目是独唱《当枫叶红了的时候》，她却报成了《当红叶枫了的时候》，全场笑得前俯后仰。下场后，主办人员安慰她："不要紧，注意报对下一个节目：合唱《我们都是一家人》。"没料到她更紧张，上场时报成了《我们一家都是人》。

阴差阳错，今晚的欢乐高潮已提前到达。

"轮流讲笑话现在开始！首先是校园组。"女主持总算把话说对了。孩子们依次上台。

"老师在黑板上写'扑朔迷离'，然后问一位学生：'请你说一下这个成语是什么意思？'学生站起来，推推深度近视眼镜，仔细看了一下黑板上的四个字，半天也不明白，最后他无可奈

寻找语文王国（基础知识篇）

何地说:'老师,看不清楚。'老师说:'你说对了,请坐下!'"一个胖乎乎的小男孩边说边表演,惹得大家哈哈大笑。

"小明今天一回到家就对着父母说:'今天老师在学校问的一个问题只有我答得出来耶。'父母惊喜地问道:'是什么问题呀?''老师问的是:谁没有交作业?'"矮个子女生的笑话再一次引爆全场。

"老师对学生们说:'小朋友,下午校长要来问你们话,到时你们要好好地回答。本杰明,你是第一个,校长会问你是谁创造的,你答是上帝创造的就对了。汤姆,你是第二个,校长会问你世界上最初的人是谁,你答是亚当和夏娃就对了。你们好好记着,别答错了。'下午,就在校长快要来的时候,本杰明因为肚子忽然痛得不能忍受,上厕所去了。校长走进教室,看见第一个座位是空的,就问第二位的汤姆:'你是谁创造的?'汤姆答:'亚当和夏娃。'校长急了:'怎么?难道你不知道你是上帝创造的吗?'汤姆说:'上帝创造的那个人,因为肚子痛,到厕所去了。'"戴眼镜男生的笑话实在是太搞笑了。

"课堂上老师要学生们自习,温习学过的功课,并吩咐有疑问就要问,但同学们鸦雀无声。片刻之后,王平突然举起手来,老师非常高兴,当场表扬:'学问学问,就应该像王平这样多学多问。王平你要问什么?'王平不好意思地问:'老师你刚才讲到第几页了?'"高个子女生话音刚落,全场就笑得东倒西歪……

"怎么样,笑话好玩吧?你们也能讲一个吗?"中场休息的时候，施大作家问道。

"从前，有个学生要去街上买东西。他的老师需要支蚊帐用的竹竿，就让他捎 10 根竹竿。可是这个学生由于语言不通，误听成是让他买 10 斤猪肝。于是他到街上找猪肝，找呀，找呀，怎么也找不够，就添了一只猪耳朵。他想：这个耳朵太好吃了，再说老师只让买猪肝，不如将这个耳朵自己吃了吧，于是就把猪耳朵放在兜里准备回家享用。到了学校，他把东西交给了老师，老师一看说：'我要的是竹竿，你怎么买成猪肝了？你的耳朵呢？'他想：老师真行，一只猪耳朵都算出来了，就诚实地回答：'在我兜里呢！'"万里路绘声绘色地讲述，引得施大作家和万卷书差点笑掉大牙。

"哈哈，笑话不仅能带来欢乐，有不少还藏着语文知识呢！"施大作家笑着提醒道。

"听笑话还能学语文？"万里路打死也不信。

"那当然咯！笑话也是一种语言运用学，是一门文化艺术。讲好不容易，要写好更不容易，思维、文笔和口才各方面都要十分厉害才行！"施大作家一本正经。

"就刚才我讲的这个笑话，藏着什么语文知识啊？"万里路可没想那么多。

"这个笑话的笑点源于'竹竿'与'猪肝'这一对谐音词，同时也在提醒我们要念准每个词、说好每句话，难道不是吗？"施大作家说。

二人点点头，表示赞同。

"另外，多接触笑话，对作文的构思也很有帮助。因为笑话的结尾往往能让人意想不到，而小小说的结尾也是这样的。"

有了施大作家的点拨，万里路兄妹在欢乐聚会上的收获定然要比别人多得多。

16. 小短信，大学问
——走进"短信王国"

"短信王国"里的人们，喜欢发短信几乎到了狂热的地步。

吃饭时发短信，走路时发短信，就连半夜醒来也不忘发条短信后再睡。

公园的门口，一个身着正装的叔叔正埋头发着短信。

"叔叔，您在给谁发短信啊？"万里路也不顾个人隐私，见到就问，也许是太急于探究"短信王国"的秘密吧！

"猜猜看。"叔叔倒也很友善，故意卖了个关子。

"估计是给您妻子或者孩子发短信，交流什么吧？"万里路说。

"不对哦！"叔叔笑着说。

"我猜您一定在给自己的老师发短信！"万卷书似乎十分有把握。

"为什么？"

"因为今天是 9 月 10 日，教师节啊！"

　　"猜对了！我的确在给老师发短信。在这个特殊的日子里，给曾经给予自己点拨、关爱、教诲的老师送上一份祝福，我们每个人都应当有这样的感恩情怀！"叔叔郑重地说道。

　　二人点点头。

　　"想不想知道我给我的老师们都写了什么？"

　　"想——"万里路兄妹齐声高呼。

　　"这是给我读师大时的班主任刘老师发的短信：'在我的成长历程中，您永远是我们心头最温暖的力量。一句话、一次交流、一段文字，都成了我的精神源泉，我最美丽的生命记忆。节日快乐，我的老师！'"叔叔深情地念着。

　　"怎么样，厉害吧！快说说这条短信好在哪儿。"一旁的施大作家笑着提议。

"语言很简洁！"万里路说。

"是啊，简洁可是短信的一大特点。如果把短信当作一篇文章来写，洋洋洒洒几百字，那就不叫'短信'而叫'长信'了！"叔叔乐呵呵地说。

"语言优美，富有诗意！"万卷书评价道。

"谢谢你的鼓励。一条短信要让人读后有美的享受，这要求可不低呀！"

"我觉得您写的短信里充满了感激之情！"万里路说。

"情感，是短信的灵魂呀！字里行间要透出写信人此时此刻的情绪、情感，从而达到表情达意的效果！"

"我觉得写短信还要有针对性，您给班主任刘老师发的这条短信，是针对刘老师的特点写的。"万卷书好像又想起了什么。

"才女一个，如假包换！"叔叔竖起了大拇指，"给人写短信，特别是祝福的短信，如果千篇一律，就会缺乏诚意。真诚的祝福，才能给收信人留下深刻而美好的印象！"

一旁的施大作家灵感突发，做了经典小结："语言简洁，是一条短信的前提；富有诗意，是一条短信的品质；充满情感，是一条短信的内涵；抓住特点，是一条短信的诚意！由此可见，写作一条短信不亚于创造一首诗歌、写好一篇记叙文呀！"

告别了"短信叔叔"，三人在不远处的一座亭子里坐了下来。

"你们知道吗？短信，不仅方便日常交流，而且还成了中学语文考试的题目呢！"施大作家向来见多识广。

"哦，是吗？题目怎么出的？"万里路心里打起了问号。

"先是出示一条母亲节短信：'您是春风，为我吹散心头愁云；您是大树，为我送来夏日清凉；您是港湾，让我停泊心灵之船。妈妈，衷心地祝您：母亲节快乐！'然后请学生模仿这条短信的句式及修辞，给老师拟写一条教师节短信。"

"这个我会！"不到三分钟，万卷书就编好了："您是一把伞，为我遮风挡雨；您是一盏灯，为我照亮前程。衷心祝福您，我永远敬爱的老师！"

对于万卷书的短信，万里路觉得这条短信还不够完美，但又说不出个所以然来。

"若是考试，这条短信也许能得满分。但是，发给自己的老师，一定要体现出这个老师的特点，要让对方感受到这是一条独一无二的短信。"施大作家皱着眉头说道。

经过反复斟酌，兄妹俩的短信都编好了。

"亲爱的吴老师，要是没有您，我的数学成绩不会进步得这么快！您的一声表扬，我会时时记住；您的一声批评，我会时时警醒。吴老师，您的学生万里路想您！"万里路十分动情。

"千言万语我只想说一句，谢谢！谢谢您语文课上那一个夸奖的手势，使我有了战胜胆怯的信心；谢谢您期末考前那一段鼓励的话语，使我有了超越自我的勇气；谢谢您告别时刻那一段深切的叮咛，使我有了奋发努力的方向！教师节快乐！"万卷书想把这条短信发给教了自己三年语文的黄老师。

短信发出的一刹那，兄妹俩满心欢喜。

17. "故事大王"大比拼

——走进"故事王国"

"故事王国"要举办"故事大王"比赛，万里路心里痒痒，跃跃欲试。

"施大作家，您看我像不像'故事大王'啊？"万里路腆着肚子，双手叉腰，嬉皮笑脸地问道。

"不像！"施大作家毫不客气。

"啊？您这就给我'判死刑'啦，我……我还没登台呢！"万里路可不服气。

"好吧！那你说说你的优势在哪儿？"施大作家的语气柔和了不少。

"这个嘛！我'玉树临风胜潘安，一树梨花压海棠'，形象佳。我……"

"我呸，就你那熊样，还形象佳？"没等万里路说完，万卷书就狠狠白了他一眼。

"哈哈，讲故事不是选美，光靠外表可不行，学问多着呢！"施大作家摸摸万里路的头说。

"那……那您就教教我吧，反正，这个'故事大王'我是当定了！"万里路话语中带着谦虚，但"伟大的梦想"丝毫没有动摇。

"首先，得选个适合自己的好故事。"施大作家说。

"这是必须的，我已经选好了。"说完，万里路从口袋里掏出了一张打印纸，故事《去往袁隆平家的老鼠》赫然在目：

一阵春雨之后，乡村的小路更加干净了。

"吱吱，吱吱！"路边的鼠洞里传来一阵说话声。

洞里有两只老鼠，一只叫阿风，一只叫阿戴。阿风说："这些年农村越来越干净了，垃圾越来越少了，农民的生活自然越来越好。但咱们老鼠的日子可不好过咯！再这样下去，这儿可就没咱们的容身之所了！阿戴，你说怎么办，我们总得想个办法啊！"

阿戴推了推眼镜，说："阿风，你也别急，要不，我们搬到大城市去？听说设在湖南长沙的国家杂交水稻工程技术研究中心有个叫袁隆平的爷爷，号称'杂交水稻之父''米神'，家里的粮食一定多得成堆。不如我们去找他，就在他家附近定居，那咱们下半辈子可是享不尽的荣华富贵……"

这一番话可听得阿风心潮澎湃，没等阿戴说完，他就有些迫不及待了。在夜色的掩护下，当晚，他们就踏上了前往袁隆平爷爷家的"寻宝"之路……

"不错，是个好故事，也很适合你！"阅罢，施大作家点点头表示肯定。

"我看主要是他长得像老鼠吧！"一旁的万卷书也忍不住开了个玩笑，险些招来万里路的"毒打"。

"接下来，我要做些什么呢？"万里路十分期待。

"把每个字音都读准。发音正确，这是讲好故事的前提。对于你而言，'j''q''x'这三个音尤其不容易读到位，一定要注意发声的部位和方法。其次，就是前后鼻音以及'u'和'ü'的区分问题，都需要特别注意。"一年多的相处，施大作家对万里路的语音情况了如指掌。

"明白！接下来的几天我一定好好练习才是。还要注意什么吗？"万里路问。

"还有就是要注意讲出'角色感'来。故事中的两个主人公，一个叫阿风，一个叫阿戴，他们的音色要有所区别。比如阿风的声音尽量细些，阿戴的声音尽量粗些，这样故事讲起来才生动有趣。"

"嗯！我要模仿两个不同的角色，没问题！在动作上要注意什么吗？"

"设计动作时，要留心动作的幅度和频率等，不同内容尽量设计不同的动作。万万不能因为紧张而使动作僵化和失真。"施大作家提醒道。

"其他动作都没问题，老鼠走路的动作，我可心里没数。"万里路说出了自己的困惑。

"这个嘛，可以看看动画片《猫和老鼠》啊！杰瑞会给你示范的，呵呵！"施大作家提议道。

"哦，我怎么没想到啊！最后一点，就是神态方面的要求了。"万里路总想精益求精。

"讲故事对于神态的要求很高，最重要的是要让眼睛会说话。鼠兄鼠弟的机灵样儿，讲话时机灵活泼的感觉，全靠你的演绎咯！"施大作家拍拍万里路的肩膀。

"我提议去设计一套老鼠造型的服装，这样一定会更加'雷人'！"万卷书计上心来。

三天后，"故事大王"比赛隆重举行。万里路不负众望，夺得桂冠。真为他高兴啊！

18. 一次真善美的体验

——走进"朗诵王国"

朗诵是一种高雅的文化享受。可以说,"朗诵王国"的每一场朗诵会,都是一次真善美的体验。

什么是"真善美"?借用著名美学家朱光潜先生所举的例子来说,其实就是面对一棵古松的不同态度。从科学家的角度而言,说古松是常绿乔木,这是"真";从木材商的角度而言,说古松是好的木材,有用,这是"善";从文学家的角度而言,说古松充满生机、有一种昂扬向上的精神,这是"美"。

为什么说好的朗诵会也是一种"真善美"体验?"真"指的是朗诵者用真诚的情感,解读着一篇篇饱含作者情感的文章;"善"指的是朗诵者在诵读的过程中不仅积累了语言,增强了语感,也积淀了情感;而"美"则指的是朗诵者通过声音、音乐、画面所呈现出的一种艺术般的享受,给人以美的震撼。

"朗诵有什么技巧吗?"万里路向施大作家请教。自从上次夺得"故事大王"比赛第一名后,一听到有上台的事儿,他总是浑身来劲儿。

"首先要做到熟练自信。"施大作家说，"南宋的朱熹认为，要读得字字响亮，不可误一字，不可少一字，不可多一字，不可倒一字，不可牵强暗记，只要多诵数遍，自然上口，久远不忘。"

"那情感的表达呢？"万里路问。

"情感应该在声音的丰富变化中加以体现。清代的曾国藩谈到自己的诵读体会时说：'非高声朗读则不能展其雄伟之概，非密咏恬吟则不能探其深远之韵。'可见，诵读时，对声音的把控至关重要。"施大作家说。

"问题是，怎样才能让声音产生丰富的变化？"万卷书也凑了过来。

"比如说要特别注意声音的'实'与'虚'。"施大作家说。

"实声？我们讲话用的就是实声啊！"万卷书一头雾水。

"对，但虚声就不太常用了。要表达出感叹、疑惑、惊讶等情感，往往伴着气流发出声音，这就是虚声。"施大作家耐心解释，并给兄妹俩看一份诵读材料：

苍鹰对它说："喏，只要登上前面那座山，就能看到大海了。"

"天哪，这么高的山！"青蛙吸了口凉气。

"以上这段话，选自课文《青蛙看海》。哪儿该用实声，哪儿该用虚声？"施大作家问道。

"苍鹰的话用实声，读出轻松的语气。青蛙的话用虚声，表现出青蛙的惊讶、害怕与担心。"万卷书分析道。

"对，这样实虚结合，读起来就有味道了！除此之外，还要关注声音的'粗'与'细'。"施大作家又翻到另一页：

"糟糕，真糟糕！什么也没有打到，还把网给撕破了。倒霉，倒霉！天气可真厉害！我简直记不起几时有过这样的夜晚了，还谈得上什么打鱼！谢谢上帝，总算活着回来啦。……我不在，你在家里做些什么呢？"

渔夫说着，把网拖进屋里，坐在炉子旁边。

"我？"桑娜脸色发白，说，"我嘛……缝缝补补……风吼得这么凶，真叫人害怕。我可替你担心呢！"

"这是《穷人》一课中渔夫与妻子桑娜之间的一段对话。渔夫的话粗犷、剽悍，朗读时用粗声，桑娜的话则应用细声表现其担心和掩饰。"施大作家给了提示。

二人饶有兴致地练习起来。

"有时候还要特别注意声音的'连'与'断'。"看兄妹俩练得差不多了，施大作家补充道。

"我知道，'连'就是连贯流畅，而'断'就是吞吞吐吐。对吗？"万里路问。

施大作家点点头："对，还是刚才的对话，渔夫的话要读得连贯流畅，表现他死里逃生的幸运和爽朗、快直的性格。而桑娜由于极力掩饰内心的不安，而且急于寻找机会，以求把'真相'告诉丈夫，所以说话显得吞吞吐吐，诵读时用断断续续的声音，效果自然更好。"

"谢谢指点。如果是多个人朗读，队形上还要注意什么呢？"万卷书心里想着何时也组建一支朗诵队。

"一般而言，活泼的文章，可以在队形上做些文章，比如《一株紫丁香》《鸟语》，等等。基调较为悲伤、沉稳的文章，队形不能有太大的变动。像今晚的朗诵会，有篇文章叫《最后的姿势》，讲的是地震来临时，谭千秋老师为了保护四个学生而牺牲的事。选手自始至终稳如磐石，那庄重的神情，仿佛把我们带入当时的情境之中。"施大作家对朗诵颇为在行。

"配乐的选择有什么讲究吗？"万里路问。

"选择伴奏音乐时，音乐的感觉要与朗诵的基调基本一致，相得益彰。要尽量避免那些过于热门的钢琴曲，否则就降低了诵读的品位……"

沉浸在朗诵的世界里，施大作家总有说不完的话。

19. 做个演讲家
——走进"演讲王国"

因为性格的缘故，在公开场合演讲，历来是万卷书的一个"软肋"。

这次到达"演讲王国"，万卷书想好好把握机会，练练口才。恰逢每周一次的演讲集会，在施大作家的提议下，她也报名参加了。

"有人说，舌头就是一把利剑，演讲比打仗更有威力。希望这次的演讲体验，能让你的口才变得更好。"施大作家表示出期待。

"希望如此！这次演讲的主题是'祖国在我心中'，您觉得从哪些方面来讲比较好呢？"万卷书若有所思。

"你有初步的设想吗？"

"我打算从历史悠久、地大物博、外强入侵、中华崛起四个方面来讲，您觉得如何？"

"条理很清晰，我赞成！一次演讲，要告诉听众几个方面的内容，一定要做到心里有数。比如陶行知的《每天四问》，以四个问题来串联整篇演讲稿，提纲挈领，点面清晰。"

"还有补充吗？"

"如果还想再完美些，我建议补些你的亲身事例，这样会更有感染力。"

"就是如何把爱国变成具体的行动，是吗？"

"完全正确。爱国不是一句空话，变成具体行动，才会更有力量。"

见施大作家和万卷书聊得兴致勃勃，万里路也从里屋走了出来，要帮着出主意。

寻找语文王国（基础知识篇）

"我觉得你从现在开始，就要进入准备状态。你可以对着镜子练习。"讲故事比赛的经历让万里路收获颇多。

　　"这个提议好。可以对着镜子中的自己说话，观察自己说话时的表情是否自然，肢体动作是否得体，目光是否灵动。改正自己的一些小动作，如抓头发、揪衣服等，要有一个大方的演讲形象。"施大作家说。

　　"我最担心的还是情绪的调整。"万卷书害怕自己上台会紧张。

　　"紧张是难免的，即使是演讲高手，面对陌生的人群也会多少感到不自在。上台演讲之前，必须及时调整自己，放松心情，不要给自己设定过高的目标、施加过大的压力。告诉自己一定能行，一定能做好。用演讲流露出你的自信，别人肯定也会认同你的看法。"施大作家给万卷书鼓劲儿。

　　"上台时有什么要注意的吗？"万卷书开始关注细节。

　　"步伐速度要适中，过快会加重自己的紧张，过慢会让听众厌烦。可以趁上台的时候用目光和听众交流，向他们流露出善意的笑容。站稳后，不要急于开讲，先给听众鞠个躬，再开始演讲。这样会显得你很有礼貌，也很沉稳。"施大作家果然是行家里手。

　　"那站姿呢？"

　　"向听众行礼致敬后，可以顺便调整自己的站立姿势。演讲时女性多使用丁字步：双腿稍稍前后分开，略有交叉，身体的重心放在一条腿上，另一条腿则起平衡作用。这样站既稳定，又不会显得呆板。注意，站定以后就不要频繁地在两腿间来回转移自己的重心，否则会给人以摇摇晃晃的感觉。"施大作家耐心解答。

"我觉得可以增加一些走动，你看一些演讲家，在台上蹦来蹦去的，用激情引爆全场，多棒啊！"万里路说得眉飞色舞。

"哈哈，如果场地和音响设备允许，演讲时，可以配合自己的演讲内容，在台上做必要的走动，使你的演讲更生动活泼。甚至可以走到听众中去继续演讲，这样能大大拉近你和他们的距离，使演讲更亲切自然。但这种走动不宜过多，否则会让听众感到眼花缭乱。在场地和音响不允许的情况下，勉强的走动反而会破坏演讲的效果噢！"施大作家提醒道。

"手势变化有什么要求吗？"万卷书刨根问底。

"一般而言，手向上、向前、向内表达的是赞许、希望、肯定等积极方面的意思；手向下、向后、向外多表示批判、蔑视、否定等消极的意思。还有，手势上扬表示赞同和鼓舞，手势下劈表示决绝，攥紧拳头表示果断、自信和力量，竖大拇指表示权威或称赞，摊开双手表示无奈，等等。切忌演讲时把手插到衣裤的口袋里，这样显得过于随意，不尊重听众。"施大作家笑着说。

"妹妹，我建议你到时候穿红色的连衣裙去。"万里路又补充了一个细节。

"为什么要选红色？"万卷书一下子没反应过来。

"爱国，当然要有一颗炽热的心啊。红色，能给人一种充满激情的感觉。"万里路满脸笑容。

"有道理！万里路考虑得挺周全，这是张飞穿针——粗中有细啊！"听着施大作家的赞扬，万卷书对自己调皮的哥哥又一次刮目相看。

20. 唇枪舌剑

——走进"辩论王国"

梁惠王时代，庄子与一位名叫惠子的大学问家漫步在一条拦河坝上。庄子看着河里的鱼感慨道："你看，这水里的鱼儿是多么快乐啊！"身旁的惠子立刻对庄子说："你不是鱼，怎么会知道鱼快乐不快乐呢？"庄子接着反问："按照你的这种说法，你不是我，你怎么知道我不知道鱼快乐还是不快乐呢？"本以为这下惠子会被问得哑口无言，没想到惠子又不紧不慢地反驳道："的确，我不是你，我不知道你的感受；可是，你也不是鱼，你当然也就不知道鱼的感受啦！"

这是中国历史上一则很出名的辩论实例。施大作家之所以给万里路兄妹俩说这个故事，是希望他们对辩论有更多的了解，能够在"辩论王国"举行的辩论赛中发挥得更好。

"辩论王国"里的人，都有点古希腊苏格拉底的感觉，经常和人辩论。在大街上行走，说不定迎面就会走来一个"辩论发烧友"，要你和他辩论"这个世界到底是先有鸡还是先有蛋"。

到这样的地方参加辩论赛，没两把"刷子"，显然混不下去。

"我看还是退出吧，不然会在辩论场上死得很惨的。"一向自信的万里路打起了退堂鼓。

"一人之辩，重于九鼎之宝；三寸之舌，强于百万之师。要是对方冒出个辩论奇才，就只一个，就把我方'斩尽杀绝'，那可真够难堪的！"万卷书嘀咕道。

"古人说：君子避'三端'，即武士之剑端、文士之笔端、辩士之舌端。辩士的确很厉害，不过，你们也不要看低了自己。咱们定位在学习，不在乎比赛的输赢。其实辩论也很简单，就是通过你的表达，让别人接受某种观点，仅此而已。"施大作家给兄妹俩做起了思想工作。

万里路和万卷书默不作声了。

"口才并不是一种天赋的才能，它是靠刻苦训练得来的。古今中外一切口若悬河、能言善辩的演讲家和雄辩家，无一不是靠刻苦训练而获得成功的。美国前总统林肯为了练口才，徒步30英里（1英里约为1609米），到一个法院去听律师们的辩护词，看他们如何论辩，如何做手势。他一边倾听，一边模仿，终于有了很大的进步。希望你们也能在这次的体验中有所收获。"施大作家给兄妹俩鼓劲。

"那我们就尽力试一试咯！"万里路重拾信心。

"这次的辩题是'小学生上网好不好'，你们对此已经有了一定的了解，还会占些优势呢！"施大作家说。

"从何入手，能跟我们说说吗？"万卷书也觉得要挑战自己，已做好了记录的准备。

"因为目前是正方还是反方还不得而知，需要做两手准备，主要是先把辩词写好。"施大作家可谓轻车熟路。

"那我们担任几辩啊？"万里路可想知道了。

"本次辩论赛，双方各有四个辩手，各辩辩词均有侧重。一般而言，一辩侧重从逻辑的角度，二辩侧重从理论的角度，三辩侧重从事实的角度，四辩总结陈词。初定你们担任三辩。"施大作家做了安排。

"那我就从正方角度写，主张'小学生上网好'。可是该怎么写呢？"万里路又犯难了。

"主张'小学生上网好'的第一个理由是什么？'增长知识'能够成为第一个理由吗？你有过上网查找资料获得课外知识的经历吗？你身边的人是否经常利用网络获取知识？把这些写下来，不就可以了吗？"施大作家希望通过一连串的问题打开万里路的思路。

"哦，明白了！第二个理由呢？"

"'放松心情'能成为第二个理由吗？网络可以提供哪些让我们放松的方式？打游戏、听音乐、看电影，除此之外还有哪些？在这个过程中，参与者的身心是如何得到放松的？如果有一些调查访问就更好了。"施大作家提示道。

"第三个理由我就说可以在网上交到朋友，再说说网上交友的收获。"万里路兴奋地说。

"我也想到了。正方举'小学生上网好'的理由，我就应该举'小学生上网不好'的理由。比如：电脑辐射有损身体健康；沉迷游戏影响学习；思想单纯容易被不怀好意的网友欺骗。"万卷书的思路一下子清晰起来。

"当然，参加一场辩论赛，光准备好辩词还不够。自由辩论阶段是最能看出实力的，希望你们能多看些高水平辩论赛的实况录像，多学习，多总结，定能出色发挥！"

听了施大作家的话，兄妹俩茅塞顿开。

不论在本次辩论赛上取得怎样的成绩，他们都是真正的赢家。因为，成长比成功更重要！

21. 拜访"华博士"

——走进"记者王国"

　　"当你打开电视，一定会看到许多新闻记者和节目主持人。他们给你们留下怎样的印象？"施大作家边走边问。

　　"当然是很羡慕啊！"万里路回答。

　　"思维敏捷，谈吐从容，好厉害啊！"万卷书说。

　　"想不想跟他们一样，拥有高超的本事？"施大作家说。

　　"想——"二人齐声回答。

　　"满足你们的愿望。今天，带你们去拜访'记者王国'最出色的导师华博士。"施大作家故意提高了声调。

　　兄妹俩相当期待。

　　华博士得知他们的来意，热情欢迎，并问两个小孩："你们有什么疑问，尽管问吧！"

　　"采访前，要做好哪些准备？"万里路问道。

　　"首先一定要列好采访提纲，约好时间和地点，并提前到达。见面后，要有礼貌地向被采访者介绍自己的身份和姓名，征得同意后再进入话题。进入话题时，要建立彼此的心理信任，从而让被采访者在轻松和谐的气氛中表达自己，这样才能取得最理想的采访效果。"华博士说。

"在采访过程中，有什么技巧要求吗？"万卷书问。

"采访是一种综合的能力，多体验才能积累丰富的经验。比如一定要养成良好的倾听习惯。一名记者，特别是一名老练的记者，应该是最善于倾听的人，而不是喋喋不休的人。"华博士说。

"我感觉采访过程中提问特别难，能给我们支支招吗？"万里路问。

"总结起来就是四个'问'：问得自然，问得明白，问得简洁，问得有特色。"华博士说。

"问得自然，怎么解释？"万里路不太明白。

"问得自然，这是提问的态度、气氛问题。如果问得十分唐突、生硬，由于提问破坏了采访的气氛，甚至破坏了记者和采访对象之间的关系，这种提问当然是失败的。所以要特别注意尊重采访对象的隐私。"

"问得明白，就是问得清楚吗？"万卷书说。

"也可以这么说。问得明白，这是提问的内容问题。应该善于把一个大问题化成一些具体问题，然后抓住其中最关键的来问。问得具体才容易问得明白。在问每一个问题前，最好先想想：这样问，对方能理解吗？"

"问得简洁，就是问题要问到点子上，不要说了一大堆，别人还不明白你在说什么。对吗？"万里路谈自己的理解。

"对！最难的还是问得有特色。所谓有特色，就是要反复思考：我能不能问一些别人想不到，但又是最有针对性的问题呢？这就是水平的体现了。"华博士说。

"我看到电视上有些记者，很多时候并没有接连提问，而是保持沉默，这是为什么？"万卷书说出了自己的困惑。

"适度沉默，也是采访的一个重要的技巧，要尽量多给采访对象留出思考和阐述问题的时间。美国著名的电视节目主持人迈克·华莱士说过：'我发现，在电视采访中最有趣的做法就是问一个漂亮的问题，等对方回答完毕你再沉默三四秒，仿佛你还在期待着他更多的回答。你知道会怎样吗？对方会感到有点窘促而向你谈出更多的东西。'"华博士笑笑。

"除了提问技巧外，我还很关心怎样做采访笔记。"万卷书直言不讳。

"采访笔记的确很重要。首先要尽量记具体。所谓记具体，不是把采访对象所说的话，原原本本像录音机似的记下来，而是要记下重要的信息，譬如人名、地名、数字和事实经过。有的内容要当场问清楚，如人名和地名不仅要问音，而且要问字，避免写出同音不同字来。有些数字，对方口头谈了，还要反复核对准确。"华博士耐心解答。

"既然笔记能做得详细，那采访时带录音机又有何用？"万里路不明白。

"主要出于两点考虑：其一，怕记得不准确，需要回放录音确认；其二，有助于记录被采访者的原话，以便后续写稿时引用。当然，对人物谈话时的姿态、口吻和气氛也要注意观察，必要的也可以记录下来，以备写作时参考。"华博士说。

"可惜啊！今天这么精彩的对话，我却没用录音机录下来。光靠动笔，错过了谈话的不少重要细节。"听了华博士的话，万里路懊悔不已。

"呵呵，别担心，我已做了录音。"说毕，华博士叫助手把录音文件拷贝到移动硬盘中，交到了万里路手上。

兄妹俩对华博士更加佩服了。

22. 学学导游那张嘴

——走进"导游王国"

步入"导游王国"，到处都是导游们练习讲解的场面。万氏兄妹最想学的，莫过于优秀导游的语言艺术。

"好的导游讲解词，往往都很巧妙地运用了修辞。"施大作家说。

"啊？那不是写作文吗？"万里路瞪大了眼睛。

"哈哈，精彩的导游词，本身就是上好的文章。"施大作家答疑释惑。

"穿过这片浓阴蔽日的密林，你就可以看见气势磅礴的大瀑布。它像轰雷、骤雨、飞珠、崩玉，它那浪花似的泡沫，跳荡着、咆哮着，溅起的水珠蘑菇云似的冲向天空，然后化作轻纱般的薄雾……"一个穿深蓝色工作服的女导游，正在练习讲解镜泊湖吊水楼瀑布。

"你看，这些比喻，给人以无穷的美丽遐想，多棒啊！"施大作家点评道。

"舜帝南巡时，他的两个妃子娥皇、女英追到了洞庭山。在这里，她们得到了舜帝死于苍梧的消息。顿时，两个妃子悲痛欲绝，泪水顿作倾盆雨，满山的翠竹也和她们一起发出了阵阵揪心的呜咽声……"着白色连衣裙的姑娘正深情地叙说。

"你想，翠竹也会哭泣，这显然是巧妙地运用拟人手法烘托出悲痛的气氛，使人为之心动。"施大作家点拨道。

"三国时期，张飞和关羽在这礁晓峰下棋。忽然，上有一巨石落下，关公抬头看见，顺势将手中的一颗棋子扔过去，把即将下落的巨石阻在半腰。张飞见了大声喝彩，不料喝彩的声浪把边上另一块巨石冲断了一半。现在，就在他们下棋的石桌边，还有一块'喝断石'。"一个瘦高个子的男导游正绘声绘色地讲解着。

"猜猜看，这段导游词用了什么修辞手法？"施大作家问。

"夸张。真人哪有那么厉害？"万里路抢先答道。

"的确，恰当地运用夸张，会增加神秘感。"施大作家说道。

"除了使用这些修辞手法，导游讲解还有什么技巧呢？"万卷书的兴趣越来越浓。

"多多欣赏，你自然就知道了。"施大作家笑答。

"这就是驰名中外的岳阳楼，它与武汉的黄鹤楼、南昌的滕王阁合称'江南三大名楼'，素有'洞庭天下水，岳阳天下楼'的美誉。它原是三国时期东吴鲁肃训练水师的阅兵台，唐代建为岳阳楼，宋代由巴陵县令滕子京主持重修。整个楼阁为纯木结构，重檐盔顶，1984 年落架大修后重新开放。现在楼高20 米，由四根楠木柱支撑，楼顶就像古代将军的头盔。全楼没有一颗铁钉，这在力学、美学、建筑学、工艺学等方面都有杰出的成就。现在，楼内藏有清代刻的《岳阳楼记》雕屏，各位若想领略《岳阳楼记》中所写的'衔远山，吞长江，浩浩汤汤，横无际涯'的风光，请随我登楼观赏。"穿牛仔裤的胖导游口若悬河。

"哇，好厉害啊！就这么一段话，让游客对整座楼就有了总体的印象。"万卷书惊叹不已。

"佩服了吧！学会简述，是导游必备的基本功之一。"施大作家说。

"晋代的道教名士葛玄与葛洪二者之间有什么关系？葛洪是

怎样成为著名道教人物的？他作为一个道教中人有没有妻儿？"五十多岁的资深导游语速不快，但讲述很吸引人。

"知道这段导游词的精彩之处吗？"施大作家问。

"吊胃口，卖关子，相当吸引听众！"万里路啧啧称赞。

"制造悬念，先藏后露，等到最后讲出来，听了印象会特别深。"施大作家说。

"两个黄鹂鸣翠柳，一片孤城万仞山。独在异乡为异客，夜半钟声到客船。天生我才必有用，相见时难别亦难。要问此诗谁人作，不是别人正是咱。自创唐诗一首，博各位一笑！"戴绅士帽的年轻男导游的一席话，惹得三人哈哈大笑。

"很荣幸能为各位提供导游服务。我的名字很简单，也很好记：李成林。李连杰的'李'，成龙的'成'，林子祥的'林'。同时为各位提供服务的还有驾驶席上的车老把式吴师傅。吴师傅很年轻，只有三十多岁，但已经有四十多年的驾龄了。吴师傅前不久出了一次交通事故，压死了三只闯红灯的蚂蚁，为此他难过了一宿。此次青岛之行，我们将在栈桥上面走一走，中山公园看一看，太清宫里瞧一瞧，石老人前转一转，五四广场逛一逛，龙潭瀑下站一站……"没等这位男导游说完，万里路兄妹俩早已被他的幽默所折服。

"导游王国"的语言天才实在是太多啦！

23. 另一个天地

——走进"网络王国"

晕、偶、菜鸟、拍砖、灌水、雷人、达人、给力、抢沙发、神马都是浮云……不在网络上混些时日，对这些网络语言还真是不懂。

网络，也是一个丰富的语文世界。

这日，施大作家和兄妹俩进入了"网络王国"。

"哇，读文章、发微博、听音乐、看电影、买东西、聊聊天，能做的事儿太多了。"万里路兴奋得手舞足蹈。

"你们快来看啊，真是太搞笑了！"一旁的万卷书招呼道。

"发现什么新大陆了，大呼小叫的！"施大作家也凑了过来。

"你看这则新闻！"万卷书指着屏幕，"近日，武汉一所高中复读学校，选择将没收的学生手机用铁锤砸毁，并设立'手机尸体展示台'展示。此事昨日被网友曝光后，引起了不小的争议。不少网友支持这一武汉最严校规，也有很多人认为校方的行为有些偏激。"

"哈哈，'手机尸体展示台'，太搞笑了吧！"满脑子鬼点子的万里路料不到还有这一招。

"元芳，你怎么看？"施大作家套用热播电视连续剧《神探狄仁杰》里的台词。

"大人，我觉得此事有蹊跷。"万里路反应机灵。

"此事背后一定有一个天大的秘密。"万卷书也嬉笑着回答。

"言归正传，对于这种做法，你们是支持还是反对？"施大作家问道。

"我支持！"万卷书斩钉截铁。

"我反对！"万里路义正词严。

"有自己的想法，很好！这样吧，把你们的想法写下来，各写一段网络跟帖吧！"施大作家提议道。

片刻工夫，万卷书的跟帖完成，她是这样写的："很多学生自制力差，有的家长都管不住，上课甚至熬夜玩手机，影响学习，必须严管。长痛不如短痛，砸手机很有必要。"

再看万里路，他写道："这是一种独裁主义，也是不尊重他人权利的暴力作风。手机是他人的合法财产，私人财产受到法律保护。我坚决反对砸手机！"

"我倒不这么看，我觉得这所学校有重大的炒作嫌疑。你们注意看图片了吗？老师砸手机时是面带笑容的。当然，也可能是希望以这种极端方式，激发考生的斗志，最终通过较高的升学率提升自己学校的影响力。"施大作家也谈了自己的看法。

兄妹二人觉得施大作家的分析不无道理。

"其实谁的跟帖最好并不重要,重要的是要善于表达自己的观点。网络评论也是语文能力的一种重要体现,有些评论简直可以称得上是经典。"施大作家说。

"哦,说来听听!"万里路甚是期待。

"请看这则跟帖!"施大作家点击到一个新页面,"母爱,是加法,岁月渐增,关怀渐增;母爱,是乘法,距离越长,牵挂越长;母爱,是减法,减去自己,呵护我们;母爱,是除法,除了儿女，还是儿女。"

"哇！这个母亲节的跟帖，像诗一样充满深情啊！"万卷书不由惊呼。

"有像诗的，也就有以诗歌方式评论的，不过是打油诗罢了。呵呵！"施大作家笑着点击到一个名为"妈妈举牌，六一我也想放假"的帖子，念了其中的一条评论："六一家长上班忙，无法陪同空惆怅。若给家长法定假，温馨亲子伴成长。"

"这种呼吁方式挺有创意的！"万里路拍手叫好。

"还有更绝的呢。面对股市暴跌的消息，有人这样评论——"说着施大作家又点击到另一个新页面，"不要迷恋股市，股市只是传说。宝马进去，自行车出来；蟒蛇进去，蚯蚓出来；牵着狗进去，被狗牵出来……"

还未念完，兄妹俩都笑得直不起腰了。

"看来，网络评论也能提高语文能力啊！"万里路笑着说。

"那是当然！"施大作家表示肯定，"大学者余秋雨说过，写作是认识世界、与人沟通的方式。你说的每一句话，写的每一段话，都是在和这个世界聊天。而网络只是一个巨大的聊吧罢了。"

在这巨大的聊吧中，究竟有多少收获，恐怕只有你自己才知道。

24. 对称之美

——走进"对联王国"

"天对地，雨对风。大陆对长空。山花对海树，赤日对苍穹。雷隐隐，雾蒙蒙。日下对天中。风高秋月白，雨霁晚霞红。牛女二星河左右，参商两曜斗西东。十月塞边，飒飒寒霜惊戍旅；三冬江上，漫漫朔雪冷渔翁……"

"对联王国"的孩子们，正津津有味地吟诵着《笠翁对韵》。

这可真是一个对联的天地。

悬将小日月

照彻大乾坤

"好霸气啊！"万里路怎么也想不到，区区一个眼镜店的对联也会写得如此精彩。

客到心常热

人走茶不凉

对于喜欢喝茶的施大作家来说，这样的对联，不断撩拨着他走进茶馆的欲望。

操天下头等事业

做人间顶上功夫

正对面一家理发店门口的对联相当"拉风"。"好巧妙的构思啊！"万卷书读罢，一声惊叹。

转过街角，一阵喧闹的锣鼓声穿透耳膜。近前看去，原来一户人家正在娶媳妇呢！新房内外，贴满了新婚对联，大门口的一副对联格外引人注目：

一世良缘同地久

百年佳偶共天长

往前走几步，另一户人家门口的对联更不同寻常：

闲人免进贤人进

盗者莫来道者来

"巧用谐音，把自己的意趣思想表达出来，实乃高明！"施大作家连声赞叹。

庭前花始放

阁下李先生

隔壁人家也是聪明绝顶，居然能想出这样的"妙联"。特别是下联"李先生"三字，既告诉别人自己姓李，又很好地展现了庭院之美，真是一举两得。

正当大家陶醉之际，忽见前方有白发老人口吟上联，欲觅下联。上联为：

南通州，北通州，南北通州通南北

"东运河，西运河，东西运河运东西。"船老大高声应答。

"春读书，秋读书，春秋读书读春秋。"戴眼镜的女学生说。

"分不开，离不开，分离不开不分离。"一对恋人齐声喊道。

"古学者，今学者，古今学者学古今。"满腹经纶的教授回答。

"东飞燕，西飞燕，东西飞燕飞东西。"刚离婚的少妇掩面哭泣。

"孙学法，子学法，孙子学法学孙子。"酷爱兵法的老者摇头晃脑。

"东当铺，西当铺，东西当铺当东西。"当铺老板禁不住吆喝起来。

众人对答如流，气氛甚是活跃。

25. 谜王争霸

——走进"谜语王国"

这日，兄妹二人和施大作家来到"谜语王国"。正要入城，却被守门的长胡子大爷给拦住了。

"这是谜语王国。只有猜对我出的谜语，才可进城。"长胡子大爷一本正经地说。

"好……好吧，我们请出学富五车、才高八斗的施大作家应战。"万里路先是一愣，继而灵机一动。

"那可不行！谁猜出来，谁就进去。猜不出来，就在门口候着吧！"大爷把眼睛瞪得老圆。

"好好好，那就请您出谜面吧！"万卷书一看这阵势，仗着自己读过的几百本书垫底，准备一试。

"听好咯！"大爷提高了嗓门，"远看一朵花，近看一脸麻，猜一花名。"

"向日葵！"万卷书脱口而出。

"通过！"大爷一个侧身，示意万卷书通过。他虽然上了年纪，身手依旧敏捷，激情依然饱满，只把一旁的万里路看得眼都直了。

"请给我也出道题吧！"施大作家上前一步。

"不用电的国家，猜一国名。"大爷笑着说。

"缅甸！"施大作家轻松作答，顺利过关。

看着施大作家和妹妹都成功进入，万里路不由心急起来，也请长胡子大爷给自己出上一题。

"你是小朋友，就给你出个简单的吧！"老大爷似乎发了慈悲，"天刚亮，三块大石头从天降，猜一成语。"

"这……这……"万里路好似丈二和尚——摸不着头脑，只好把央求的目光投向施大作家和妹妹。

万卷书此时早知道答案，但又不能直接说出，便想了一招。她走到老大爷身后，蹲下身，若无其事地从身旁捡起三块小石头，两块并排放着，另一块叠在两块之间，形成三角状。

兄妹二人果然默契十足。万里路一看这情形，明白谜底肯定有个"磊"字，再细想谜面，突然一拍大腿，兴奋地说道："光明磊落！"

"答对了！"长胡子大爷笑着摸摸万里路的头，请他入城。

步入城内，三人只觉得大街两侧的商店甚是奇怪。各色商品琳琅满目，未见任何标价，只是在商品旁搁着一张字条。定睛一看，嘿嘿，字条上全是谜面呢！在与店老板的沟通中，才知道"谜语王国"所有商品都无须用钱购买，只要能猜出相应谜语，便可拿货走人。

天下竟然有这等好事？三人顿时来了精神。

"餐厅 24 小时营业，猜一宇宙现象。谜底是：日全食。"不到五秒，施大作家就取走了一瓶好酒。

"有个家伙真新鲜，一脚定位不肯移，一脚不停转圈圈。猜一文具。谜底是：圆规。"万卷书顺利拎走了一袋水果。

"外表白如雪，肚里一团黑，从来不偷窃，硬说它是贼。猜一水中生物。谜底是：乌贼。"万里路也不甘示弱，领走了一瓶矿泉水。

"三位猜谜水平如此之高，不知是否有准备参加明天的'谜王争霸赛'？"戴眼镜的年轻老板提议道。

"好啊，好啊！"尝到甜头的万里路兴奋地喊道。

三人问清了比赛地点后，准备休息一晚，明早参赛。

夜晚，万里路和万卷书围坐在施大作家身旁，讨教猜谜绝招。为确保"战果"丰硕，施大作家也毫不吝啬自己的才学，滔滔不绝地讲起猜谜方法来：

"第一招：'正扣法'，也称正面会意法或正猜，此法是根据谜面所表达的正面含义，直接去领会、推理，从而联想出谜底。例如：鲁迅，打曲艺形式一，谜底'山东快书'。今天，我们正是用这种方法猜对了不少谜语。"

"我知道有一招叫'增字法'，就是给谜底或谜面增加某些字或字的偏旁、部首，组成另一个字或词。例如'更'猜成语是'与人方便'，意思就是'更'字增加'人'旁方成为'便'字。"说起猜谜，万卷书果然有两把"刷子"。

"有'增字法'，那有没有'去字法'啊？"万里路调皮地问。

"有啊。不过不叫'去字法'，而叫'损字法'。就是把谜面的字去掉某些笔画而得出谜底。例如以'个个不落后'猜'丛'字，谜面前三个字都去除后面一部分，成'人'、'人'、'一'三个字，合成'丛'字。"施大作家侃侃而谈。

真是"瞎猫撞上死耗子"，万里路听罢暗自发笑。紧接着，施大作家还分别介绍了组合法、移位法、抵消法、象形法、漏字法、用典法，兄妹二人听得津津有味。

第二天一早，三人兴致勃勃地来到比赛地点，不料却吃了个闭门羹。原来比赛场地设在二楼，需要猜对一楼门口的一副"对联谜"，方有资格参加"谜王争霸赛"。然而，正是这副对联，让博学多才、思维敏捷的施大作家也犯了难：

黑不是，白不是，红黄更不是。和狐狸猫狗仿佛，既非家畜，又非野兽；

诗也有，词也有，论语上也有。对东西南北模糊，虽是短品，却是妙文。

上下联各猜一个字。聪明的你，能帮助三位领到参加"谜王争霸赛"的门票吗？

26. 让声音和文字共舞

——走进"象声词王国"

"音响的世界实在太丰富，太迷人了。雷声、风声、动物的叫声，人的说话声、笑声、脚步声、物体的撞击声、摩擦声……"施大作家边走边说。

"这些声音都可以用象声词写出来吗？"万里路问。

"当然可以啦，象声词也有成百上千个呢！"

"可是，用象声词到底有什么好处？"

"准确地使用象声词，会使我们说话和作文的生动性、形象性大大增强。"

"看来我得多多学习才是！"

"'象声词王国'里的人，个个都是使用象声词的高手。今天是个难得的机会，你不妨向他们好好请教一番。"

说话间，三人已步入王国大门。

街道入口的空地上，每天一次的象声词沙龙正如火如荼地举行。兄妹二人毫不犹豫地加入。

第一轮活动，看看谁积累的象声词多。

"扑哧！"

"乒乓！"

"轰隆！"

"劈啪！"

"嗡嗡！"

"咕咕！"

"叮叮当当！"

"叽叽喳喳！"

"叽里咕噜！"

"哗哗啦啦！"

……

大家争先恐后，个个情绪高涨。

热身之后，进入第二轮活动。第二轮，比一比，谁的象声词填得好。

"液体沸腾、水流涌出或大口喝水的声音，用什么象声词？"

"咕嘟咕嘟！"一个红衣女孩率先答道。

"鸽子起飞时声音，用什么象声词？"

"啪啪啪！"万里路自信地回答。

"棕头鸥的叫声，用什么象声词？"

"啊噢——啊噢——啊噢！"一向文静的万卷书也喊了出来。

"马过木桥，蹄擂鼓，咚咚咚。请对出带有象声词的下联！"

"鸡啄铜盆，嘴敲锣，哐哐哐。"白发老先生的回答让众人拍案叫绝。

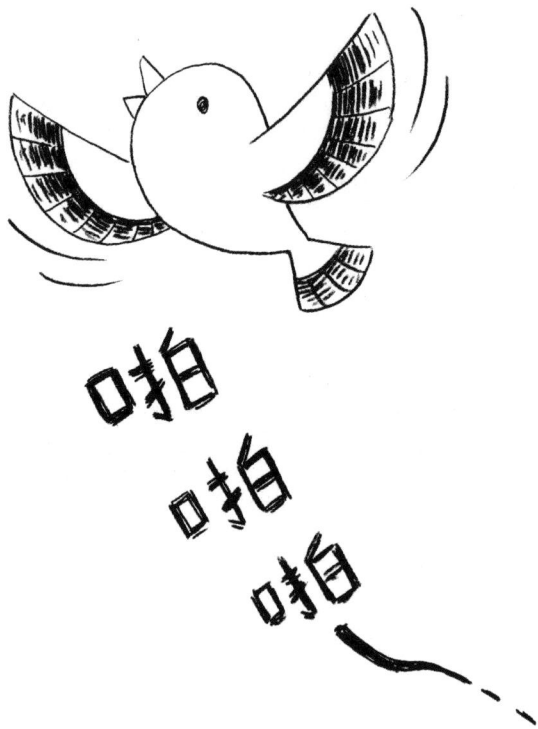

啪
啪
啪

第三轮活动难度最大，写一段或几段话，看谁的象声词用得妙。过了十来分钟，万里路已经完成：

太阳快把柏油路给烤化了，连空气都发烫，到处都是人们"哎呦""好渴啊"的声音。一脚踩到柏油路上，就会印出一个浅浅的脚印。一滴汗珠掉落在地上，就像洒在滚烫的炉子上，"滋"一声化成白烟，顿时没了影儿。

再看看万卷书的，写得也颇为精彩：

狂风大作，大风"呼噜噜"地刮着，树叶发出"沙沙沙"的声音，一些细枝"咔嚓"一声断了。天刹那间变成漆黑的一片。豆粒大的雨点"噼里啪啦"地打在窗户上。闪电发怒了，几亿负荷的电流"嚓"的一声划破了无边的天际，又好似剪破了漆黑的瀑布。雷公也勃然大怒，"轰隆隆"的声音响彻天边。

不过，最经典的还算一个戴眼镜小男生的。不到半个小时，一篇妙文新鲜出炉：

我走在回家的路上，看大风正在"呼呼"地吹，树叶在"沙沙"作响。快到楼道里，一缕清香直往我鼻孔里钻，我立刻"呼哧呼哧"跑了上去。刚一推门，就看到妈妈原来在煮红烧肉呢！

只见妈妈把水龙头"哗哗"一开，把肉洗得干干净净，放在刀砧板上"啪啪"一切，肥肉站一排，瘦肉站一排。等烧热的锅"呼啦呼啦"冒热气的时候，"哗啦"倒一点油，妈妈用铲子"叮叮当当"铲了几下，油便均匀地铺满了锅底。肥肉一进锅里，就热得"哧哧"往外冒油。瘦肉大哥笑话肥肉时，"扑通"一声也被倒进了锅里。肥肉和瘦肉在锅铲上上下翻滚，生姜同志也被扔进了锅里，接着黄酒也来凑热闹，大家齐上阵，把肥肉瘦肉的腥味去得干干净净。随即，一个黑乎乎的盖子便朝他们身上扑去，大家一起在锅里蒸煮了起来。过了一会儿，妈妈掀开盖子，倒上老抽、白糖，肉就被染得通红通红，"咕嘟咕嘟"在锅里冒着泡。

煮了一会儿，汤汁快被肉吸干的时候，妈妈撒了点盐，一边炒一边翻，红红的酱汁把肉裹得黏糊糊的，红烧肉终于大功告成啦！当香气弥漫了整个厨房时，红烧肉已经"啪嗒"装到了盘子里。我这个小馋猫已经叼了一块在嘴里。轻轻一咬，红烧肉的油就"滋滋"冒了出来，差点烫了我的嘴！

能和这样的高手共同交流，一起进步，万里路和万卷书都觉得不虚此行。

27. 绕绕复绕绕

——走进"绕口令王国"

三人的"绕口令王国"之旅，充满了挑战与趣味。

进入王国大门，见众人围坐在一老者身旁，三人也凑了上去。细细打听，原来老者在示范说绕口令呢。

"街上有个算卦的，还有一个挂蒜的。算卦的算卦，挂蒜的卖蒜。算卦的叫挂蒜的算卦，挂蒜的叫算卦的买蒜。算卦的不买挂蒜的蒜，挂蒜的也不算算卦的卦。"老者现编现说，巧舌如簧，众人拍手称好。

轮到大伙儿汇报了。只见一位年轻人站了起来，清了清嗓子，开始念绕口令："司小四和史小世，四月十四日十四时四十上集市，司小四买了四十四斤四两西红柿，史小世买了十四斤四两细蚕丝。"

年轻人费了好大的劲儿，总算把这段绕口令给念完了。再看那位老者，显然不满意："平翘舌音不够准，而且速度也偏慢，要多多练习才是！"

"恳请老师详细指点！"年轻人谦虚地说。

"四和十，十和四，十四和四十，四十和十四。说好四和十得靠舌头和牙齿。谁说四十是'细席'，他的舌头没用力；谁说十四是'适时'，他的舌头没伸直。认真学，常练习，十四、四十、四十四。"老者机智的点拨，引来一阵热烈的掌声。

见气氛如此热烈，万里路不禁心里痒痒。征得老者的同意后，也准备背上一则，求得大师指点。

"莲花灯，莲花灯，今天点完明天扔。"万里路念罢，长舒了一口气，自以为表现良好。

"不错，有潜力！就是太短了些，我还没听清楚，就完了！"老者幽默的话语，惹得众人哈哈大笑。万里路挠挠后脑勺，竟有些不好意思起来。

"八百标兵奔北坡，炮兵并排北边跑，炮兵怕把标兵碰，标兵怕碰炮兵炮。"紧接着，万卷书也口诵一则。

"后生可畏，但孩子们请记住，背绕口令不要只追求速度，读好每个音才是最重要的。在读好音的基础上，再来讲究速度，才有意义！"老者的话意味深长。

谢过老者，向王国城内走去。大街小巷都是练习绕口令的人们。

"一面小花鼓，鼓上画老虎。宝宝敲破鼓，妈妈拿布补，不知是布补鼓，还是布补虎。"玩具店里，传出小女孩天真的声音。

"黑化肥发灰，灰化肥发黑。黑化肥发灰会挥发，灰化肥挥发会发黑，灰化肥发黑挥发会发灰。"化肥店门口，老板正练得津津有味。

"小哥俩儿，红脸蛋儿，手拉手儿，一块儿玩儿。小哥俩儿，一个班儿，一路上学唱着歌儿。学造句，一串串儿，唱新歌儿，一段段儿，学画画儿，不贪玩儿。画小猫儿，钻圆圈儿，画小狗儿，蹲庙台儿，画只小鸡儿吃小米儿，画条小鱼儿吐水泡儿。小哥俩，对脾气儿，上学念书不费劲儿，真是父母的好宝贝儿。"一对兄弟正兴致勃勃地读着。

"板凳宽，扁担长。扁担没有板凳宽，板凳没有扁担长。扁担要绑在板凳上，板凳不让扁担绑在板凳上，扁担偏要扁担绑在板凳上。板凳偏不让扁担绑在板凳上。你说最后扁担到底绑没绑在板凳上。"拐角那户人家门口，戴眼镜的小姑娘哼起了SHE的歌。原来，这歌词就是一则经典的绕口令啊！

不过，最让万里路和万卷书吃惊的，还是餐馆大妈，她"报菜名"的本事可谓一流：

"蒸羊羔、蒸熊掌、蒸鹿尾儿、烧花鸭、烧雏鸡儿、烧子鹅、卤煮咸鸭、酱鸡、腊肉、松花、小肚儿、晾肉、香肠、什锦苏盘、熏鸡、白肚儿、清蒸八宝猪、汀米酿鸭子、罐儿野鸡、罐儿鹌鹑、卤什锦、卤子鹅、卤虾、烩虾、炝虾仁儿、山鸡、兔脯、菜蟒、银鱼、清蒸哈什蚂、烩鸭腰儿、烩鸭条儿、清拌鸭丝儿、黄心管儿、焖白鳝、焖黄鳝、豆豉鲇鱼、锅烧鲇鱼、烀皮甲鱼、锅烧鲤鱼、抓炒鲤鱼……"

就凭这一招，就让万氏兄妹佩服得五体投地。然而，在二人向餐馆大妈讨教时，大妈只轻描淡写地说了句："刚才那是小意思，要练就练《施氏食狮史》。"说罢到厨房忙去了。

"《施氏食狮史》是什么玩意儿？"万里路问。

"也是一则绕口令，讲的是有位姓施的诗人发誓要吃十头狮子的事儿。想不想挑战一下？"施大作家吊足了万里路的胃口。

"想！"万里路迎难而上。

施大作家向餐馆大妈借来了一本《绕口令大全》，翻到其中

一页,《施氏食狮史》赫然眼前:

石室诗士施氏,嗜狮,誓食十狮。施氏时时适市视狮。十时,适十狮适市。是时,适施氏适市。氏视是十狮,恃矢势,使是十狮逝世。氏拾是十狮尸,适石室。石室湿,氏使侍拭石室。石室拭,氏始试食是十狮尸。食时,始识是十狮尸,实十石狮尸。试释是事。

面对这号称"世界上最难的绕口令",真不知道兄妹二人会念得怎样。

29. 生活的诗意
——走进"儿童诗王国"

"儿童诗王国"里的人不是"出口成章"，而是"出口成诗"。

你听，谁家传出了诗一般的语言：

我家有个小弟弟，聪明又淘气，每天爬高又爬低，满头满脸都是泥。妈妈叫他来洗脸，装没听见他就跑；爸爸拿镜子把他照，他闭上眼睛"咯咯"地笑。姐姐抱来个小花猫，拍拍爪子舔舔毛，两眼一眯："喵，喵，喵，谁跟我玩，谁把我抱？"弟弟伸出小黑手，小猫连忙往后跳，胡子一撅头一摇："不妙不妙！太脏太脏我不要！"姐姐听见哈哈笑，爸爸妈妈皱眉毛，小弟听了真害臊："妈！妈！快给我洗个澡！"

"哇，把这段话变成每句一行，不就成诗了吗？"万里路感慨道。

"在这个王国，话就是诗，诗就是话，而且都充满着童趣呢！"施大作家说。

"哦，是吗？我倒要好好见识一番。"万里路来了兴致。

路口大树下，一个老人正在纳凉，三人迎了上去。

"老大爷，您会写儿童诗吗？"万里路恭敬地问。

老大爷不假思考，随口就说了起来："树儿，绿色的扫帚，把天空，扫得湛蓝湛蓝。树儿，绿色的掸子，把云朵，掸得洁白洁白。树儿，绿色的抹布，把星星，擦得闪亮闪亮……"话音未落，万氏兄妹就暗暗称奇。

正陶醉之际，耳畔响起一个天真的声音："我把妈妈洗好的袜子，一只一只夹在绳子上，绳子就变成了一只多足虫，在阳光中爬来爬去。我把姐姐洗好的小手帕，一条一条夹在绳子上，绳子就变成一群白鹭鸶，在微风中飞舞，飞舞。"

"哇，好有诗意啊！"不远处，那个边晒衣物边吟小诗的粉裙女孩，让万卷书羡慕不已。

往前走不远，出现一个"卖气球"的小店，可是店里一个气球也没有。万里路好奇地问："叔叔，怎么一个气球都没有啊？"

穿黄色夹克衫的叔叔把肩一耸，幽默的诗句从口中源源不断地涌出：

八只气球都没有卖掉，

在一天下午合伙逃跑。

气球带着线飞向天空，

开始了它们的自由行动。

一只高飞碰到骄阳——嘭！

一只玩耍在高速路上——嘭！

一只落在仙人掌上睡觉——嘭！

一只留下陪伴淘气的宝宝——嘭！

一只想把烤肉先尝为快——嘭！

一只与豪猪谈情说爱——嘭！

一只到鳄鱼嘴里探头探脑——嘭！

一只坐在那里，慢慢地扁了下来——嘭！

没人买的八只气球，

挣脱束缚一起逃走。

无论高飞还是四处漂流，

就算粉身碎骨也是它们的自由……

好棒的诗啊！兄妹二人听罢，真是羡慕嫉妒恨。

入夜，他们准备在一家私人旅店住下。还没进房间，就听屋顶有动静，细听，原来房东的孩子正独自趴在屋顶赏月吟诗呢！你听——

天上月亮圆又圆，

照在海里像玉盘。

一群鱼儿游过来，

玉盘碎成两三片。

鱼儿吓得快逃开，

一直逃到岩石边。

回过头来看一看，

月亮还是圆又圆。

吟完一首，小男孩觉得不过瘾，清了清嗓子，又来了一首：

我做了一个捉月亮的网，

今晚就要外出捕猎。

我要飞跑着把它抛向天空，

一定要套住那轮巨大的明月。

第二天，假如天上不见了月亮，

你完全可以这样想：

我已捕到了我的猎物，

把它装进了捉月亮的网。

万一月亮还在发光，

不妨瞧瞧下面，你会看清，

我正在天空自在地打着秋千，

网里的猎物却是个星星。

沉醉在儿童诗的世界里，三人久久伫立。

"你可以不写诗，可生活里不能没有诗意。"纯真的心灵，奇异的想象，一个与儿童诗相伴的人，一定能够收获简单的快乐。

你在寻找这样的快乐吗？

29. 我来当编辑

——走进"手抄报王国"

一路风尘仆仆，三人来到了一个奇异的地方。只见大街两侧、房屋周边都贴上了精美的手抄报。这些手抄报大小不一、图文并茂，吸引了很多游客流连驻足。

一打听，才知道此处为"手抄报王国"。

"手抄报你们从小做到大，比我在行，抓住机会好好研究研究噢！我呢，喝酒去咯……"话音还未全落，施大作家已转身而去，只留得兄妹二人立在原地。其实，对于施大作家而言，"醉翁之意不在酒"，酒瘾来袭是假，想给兄妹二人提供自主学习交流的空间是真。

目送施大作家离开后，万里路和万卷书沿街一家一家观赏起手抄报来。

"哇，哥哥你快来看！"万卷书一声惊叫，目光被店门口左侧的一张小报所吸引。

万里路闻声而来，只见一张版式新颖的"生肖报"赫然眼前，在众多小报中甚为夺目。

见此大作，二人感觉自惭形秽。从小学一年级就开始办手抄报，至今还是一知半解，更别提有什么"精品"问世。兄妹俩决定好好请教，取点办报"真经"。

入了店门，说明用意，主人甚是热情，唤来自己读三年级的女儿给兄妹俩"传经送宝"。

"做手抄报其实一点都不难！"扎小辫子的圆脸女孩笑着说，"只要选好料、配好图即可！"

"能给我们详细说说吗？"万里路可是吃尽了办手抄报的

"苦头"。

"选好料，就是要准备好相关文字和图片材料，要内容丰富、新颖有趣，这是办好报纸的第一步。就拿这张生肖报来说，我选择了十二生肖中的兔子，搜集相关的介绍、传说、童话、成语、歇后语及图片等。当然，最有特色的当数我观察兔子的日记。有了这些材料，心里就有底啦！"

"你一定属兔，对吧！"万里路笑着说。

"对啊！"圆脸女孩点点头，"不过这些材料也不能全部抄下来，要进行分类和删减。比如可以分成几个板块，如生肖简介、故事分享、三言两语、精彩图片、饲养日记等。"

"那在版面设计上有什么诀窍吗？"万卷书赶忙问道。版面设计可是她的弱项。

"版面设计，简单说就是要配好图，做一个出色的'美工'。"扎小辫子的圆脸女孩提高了嗓门，"闯过四关大功告成！"

"哪四关？"兄妹俩准备迎接挑战。

"第一关，文字与图画的搭配。文字太多会把小报办成'字堆'，图画太多则会让小报成为'美术作业'，这都是不合适的。文字与图画的搭配讲究主次分明，以字为主，以图为辅，合理安排。"圆脸女孩颇为专业。

"那第二关呢？"万卷书问。

"第二关，报头和插图的选择。报头就是报纸的名称，要尽量大些才能见其分量。另外，插图的选择最好跟小报的主题

寻找语文王国（基础知识篇）

相关，如果能让读者在读文之余又能感受到插图的美，那就太棒了。"

"噢，明白了！第三关又是什么？"万里路急着往下问。

"第三关就是花边运用。小报的花边就像我们女孩儿扎头发的花绳，如果能注意颜色、长短及形状的选择，将会起到锦上添花的作用。"

"还有最后一关，对吗？"万卷书问。

"对，最后一关就是色彩搭配。办小报时色彩的运用及搭配也要讲究一定的规律，争取做到既有对比又和谐统一。有些同学给小报的不同栏目涂上各种淡淡的底色，也是蛮有创意的。"

没想到办手抄报还有这么多学问。

此刻，万里路最想做的，莫过于以自己旅行的经历为素材，办一张《旅途小报》。

而万卷书呢，希望能尽快办出一张《金龙小报》。猜猜为什么？她呀，属蛇呗！

30. 争当小小研究员

——走进"小课题王国"

这天，三人在电视上看到一则报道：

一个在美国的中国学者，把刚上四年级的孩子带到身边读书。一天，老师要求同学们"研究"一个国家的历史发展，并把"研究"结果写出来。这位同学把这件事告诉了爸爸。刚开始，爸爸根本不相信他能搞研究，写论文。但他跑图书馆、上网，通过调查研究，终于写出了近 20 页稿纸的《中国的昨天、今天和明天》，给了爸爸一个惊喜。

"我也要研究，我也要写小论文！"万卷书听后心潮澎湃。

"有志气！同样是学生，同样是中国娃，他能做到，你经过努力，也一定能做到！"施大作家鼓励道。

"可是，我们还不知道小课题研究该如何开始呢！"万里路显然并无头绪。

"首先，当然是要选择一个你自己感兴趣的主题了！"施大作家说。

"兴趣是最好的老师嘛！"万卷书插着话。

万里路："选定主题后，应该如何研究呢？"

"接下来就是争取别人的支持与配合了。开展小课题研究的时间和空间是开放的，它不在课堂，不局限于校内，而是走出校园，走向社会，利用家庭、机关单位、社区的资源为我们的研究服务。研究可以自己完成，也可以找几个伙伴，组成小队合作研究，还可以聘请'小队辅导员'进行指导。"

"哈哈，那就和万里路组合成一个研究团队，指导的任务，就交给您咯！"万卷书反应迅速。

"我愿意！"施大作家娇滴滴地说了一句，惹得二人哈哈大笑。

"第三步要干什么呢？"万卷书恨不得马上开始研究。

施大作家："搜集第一手的资料。"

万卷书："这可是很有难度的啊！"

"不妨参考下福建省宁德师范学院附属小学黄轩昊同学的做法，他说：'我们小队选择的课题是：保护环境——让环城河绿水长流。我们到处寻找宁德市城区的污染源，走访了环保局的栗书记、许副局长、办公室刘主任和环境监测站的叔叔阿姨，了解了环城河周边商店的营业员，向居民发放了一些问卷。读了《十万个为什么》《怎样保护地球的生态环境》《环保周刊》等书刊，还上网查阅了相关资料，得到了许多有关环境污染的数据，了解到不同的人对环境问题的看法，懂得不少环境保护的知识，也学会了一些与他人交往的本领。我们把这些资料、数据及时地记录了下来……'"施大作家打开《小课题研究经验集》念道。

"哇，好多素材啊！"万里路一声惊呼。

"最后一步，写出研究小论文。"施大作家说，"通过查阅资料、观察走访、实践体验等，获得第一手资料后，便可以写作了。"

"如何处理获得的第一手资料，可是一个难题。"万卷书觉得很棘手。

"这可是个难度系数挺高的技术活儿。最重要的是要抓住主题，选好材料。主题好比一条红线，材料好比盘中的珍珠，要用巧手慧心把盘中五彩缤纷的珍宝串起来，剪裁、组织拼配要得体。一篇优秀的小论文如同一件艺术精品，展现在人们眼前，引人入胜，耐人寻味，美不胜收。"施大作家说。

"有什么写作要点要注意的吗？"万里路问。

"鲜明准确，生动有趣。鲜明，就是说观点要明确，不能含糊其辞、模棱两可，赞成什么、反对什么，要旗帜鲜明。观点不明确，等于没有自己的见解，没有见解等于没说。准确，就是说论据要真实可靠。论据不准确，尽管观点再鲜明，也无法使人相信。小论文跟其他文体一样，也要写得生动形象，有趣有味，才能让人看得下去……"施大作家饶有兴致地分析着。

此刻，万里路早已想好了一个小课题：安福镇畲族农村"留守儿童"状况调查。

真不知道，这个"小小研究员"，万里路会当得如何。

31. 和自己的内心对话

——走进"日记王国"

"日记王国"陈列馆里，各种日记的手稿琳琅满目。

参观不多久，万里路就被一本外文日记吸引住了："施大作家，这是谁的日记，怎么这么厚？"

"这就是大名鼎鼎的《安妮日记》！作者是一个叫安妮的小女孩。"施大作家摸了摸万里路的头。

"一个小女孩，居然能写出这么厚的一本书？"万卷书把眼睛瞪得如铜铃一般。

"对，一个小女孩，一个很不普通的小女孩。"施大作家说，"第二次世界大战期间，德籍犹太人安妮与她的家人、邻居为了躲避纳粹的搜捕，藏在一间库房大楼的顶层。这一藏就是两年多。在这暗无天日的生活中，十来岁的女孩安妮却在耐心而快乐地写着她的日记。安妮的日记，传达了生活在绝境中的一群人的生活状态，展现了一个成长中的少女虽身处绝境却从未想过放弃的乐观。人们在二战结束后发现了这本日记，并依据这本日记编写了《安妮日记》。"

"日记中的那些人到底是什么样的生活状态呢？"万卷书问。

"在《安妮日记》里生活的人，他们没有自由，生命随时都会因为一次偶然的暴露而丧失。他们没有起码的生活保障，连温饱都成为奢求……"施大作家介绍道。

"这么说，《安妮日记》也是二战期间纳粹分子残忍的一种见证！"万卷书说。

"是的！这本日记，不仅是一名成长中的少女心灵世界的独白，更是德军占领下的人民苦难生活的目击报道。"施大作家面色凝重。

三人继续参观。一楼拐角处鲁迅先生的日记手稿，引起了万里路的特别关注。

"鲁迅那么忙，怎么还有时间写日记呢？"万里路嘀咕道。

"时间就像海绵里的水，只要愿意挤，总是会有的。"施大作家拍拍万里路的肩膀。

"那他写了多长时间的日记？"万卷书的眼中充满好奇。

"从1912年5月5日开始，到1936年10月17日逝世前两天为止，从未间断。偶尔因特别原因遗漏的，他也会补记。和他的其他著作一样，这厚厚的两大卷《鲁迅日记》，也是留给我们后人的宝贵财富。"施大作家俨然成了陈列馆讲解员。

"哇，真有毅力啊！难怪会成为那么出名的作家！"万里路感叹道。

登上木梯上二楼，第一个展示柜，陈列着科学家们的日记手稿。

"你们快来看，这不是课文《第一朵杏花》中主人公竺可桢爷爷的日记吗？"万卷书兴奋地喊道。

二人闻声而至，只见展示柜里整整齐齐地摆放着用蝇头小楷写成的日记。

"哇，好工整的字啊！"万里路一声长叹。

"不能仅看表面哦！竺可桢先生是中国现代气象学和地理学的奠基人，他用日记记录植物的发芽、开花、结果，候鸟的迁徙，动物的冬眠与气候的关系，等等，坚持了数十年。就是在临终的前一天，躺在医院病床上的竺老，从收音机里听完气象预报后，还用颤抖的手写下了最后一篇日记：晴转多云，东风一至二级，最高气温 -1℃，最低气温 -7℃。这些日记可都是难得的科研素材。"施大作家话语中透露出深深的敬意。

正当他们沉浸在日记的世界中，迎面走来两位大名鼎鼎的人物，一位是著名学者周先生，一位是文化名人孔教授，原来他们也是来参观日记陈列馆的。

"您好，孔教授，能告诉我们如何才能学好语文吗？"万里路在电视中听过孔教授的精彩讲座，如今见到"真人"，可不想错过请教的好机会。

"这个嘛，不妨每天写日记，要写那种不给任何人看的日记。每天就写 100 字，不多不少。写到一千回，下笔如有神。"孔教授故作神秘地一笑。

"啊？具体有什么要求吗？"这个答案显然在万里路意料之外。

"具体的要求，你可以请教周大学者啊！"孔教授斜看了周先生一眼。

"请周先生告知写日记的诀窍！"万里路满面笑容。

"写日记，第一贵在坚持，养成习惯；第二贵在真实，有内容。既能坚持，又写得有内容，离成为'语文高手'就不远了！"周大学者发出一阵爽朗的笑声。

目送二位高人离去后，万里路把头转向施大作家："写日记真的有那么神奇的作用？"

"当然啦！坚持写日记，常和自己的内心对话，有助于积累知识、生活经验和写作素材，有助于培养观察能力、理解能力和表达能力，有助于提高思想品德修养，有助于锻炼意志，培养恒心……这些难道还不够吗？"施大作家循循善诱。

离开时，万里路工工整整地抄下了陈列馆"前言"中的一句话：

坚持记日记需要毅力，也能培养毅力。坚持记日记需要时间，也能更有效地利用时间。

32. 小故事，大道理
——走进"寓言王国"

"施大作家，我们什么时候才能找到'语文王国'啊？"一路的奔波，万里路多么希望马上就能找到"语文王国"，成为大名鼎鼎的"语文高手"。

"既然前方不远就是'寓言王国'，那就先听个寓言故事吧！"施大作家笑笑，"兔子和乌龟赛跑，兔子嘲笑乌龟步子慢，但是比赛结果却是乌龟赢了，这是为什么？"

"兔子跑了一段路，把乌龟远远甩在身后，就十分骄傲，在路边打起盹儿来。与此同时，乌龟拼命地爬，一刻都不停止。当兔子醒来的时候，乌龟已经到达了终点。"《龟兔赛跑》的故事，万里路一点也不陌生。

"知道故事的内容，很好。然而你知道这个寓言的真正的含义是什么吗？"施大作家追问了一句。

"不能骄傲，要脚踏实地，走好每一步，就能成功。"万里路随口说道。

"只要朝着正确的方向，持之以恒，哪怕步子再小，总有一天能到达。"万卷书也说出了自己的看法。

"是啊，我们就像是那只乌龟，所经历的每一个王国，都是迈出的重要一步。虽然不快，但是'语文王国'离我们已经不远了。"施大作家语重心长地说。

"我明白了，谢谢施大作家！"万里路恍然大悟。

"我们今天到的'寓言王国'里都有哪些'宝贝'呢？"万卷书充满了期待。

"既然是'寓言王国'，那就说明有很多寓言咯。"施大作家回答。

"寓言与其他文章到底有什么不同？"万里路问。

"寓言是以假托的故事或拟人的手法说明某个道理或进行劝喻、讽刺的文学作品。简单的故事中往往蕴含深刻的道理，具有鲜明的哲理性和讽刺性。"施大作家解释道。

"看来要多读寓言，这样明白的道理就会更多。"万里路憨憨地笑着。

"其实我们从小到大都在读着那些经典的寓言故事。说说你们最喜欢的寓言吧！"施大作家提议道。

"我最喜欢伊索的寓言《狐狸和葡萄》，这则寓言主要讲饥饿的狐狸吃不到葡萄说葡萄酸，讽刺那些自己得不到就恶意攻击诋毁美好事物的卑劣小人。"万里路义愤填膺。

　　"我最喜欢俄国克雷洛夫写的《天鹅、大虾和梭鱼》这则寓言。有一次，天鹅、大虾和梭鱼想把一辆大车拖着跑。它们都给自己上了套，拼命地拉呀拉呀，却一步也动不了。车子虽说不算重，可天鹅伸着脖子要向云里钻，大虾弓着腰使劲往后靠，梭鱼一心想朝河里跳。究竟谁是谁非，我们管不着，只知道，大车至今还在原处，未动分毫……"万卷书边说边笑。

　　"这说明：合伙的人们如果不是一条心，什么事也办不好。闹来闹去白费力，到头来，只能是自寻烦恼。"施大作家一语点破寓意。

"施大作家，您最喜欢的寓言故事是什么呢？"万里路反问道。

"你们刚才讲的都是外国的，我个人比较偏爱中国的寓言故事。比如《画蛇添足》《揠苗助长》《掩耳盗铃》《亡羊补牢》《买椟还珠》《守株待兔》，这可都是家喻户晓的。"施大作家说。

"这些好像都是流传于民间的寓言故事。咱们中国有像伊索和克雷洛夫这样的大寓言家吗？"万卷书问。

"当然有啦，而且数量不少，庄子就是其中的一个。"施大作家提高了声调。

"庄子，就是您在'辩论王国'提到的那个辩论高手吗？"万里路不能断定。

"对，就是他。"施大作家肯定地说，"庄子写了很多寓言故事，像'望洋兴叹''螳臂当车''东施效颦'等不少成语就是出自他的寓言故事。"

"你所说的这些寓言，到底能告诉我们怎样深刻的道理呢？"万里路问。

"《望洋兴叹》告诉我们不要有了一知半解便沾沾自喜。《螳臂当车》告诉我们不自量力或抗拒不可抗拒的强大力量必然导致失败。"施大作家说。

"这让我想到了《东施效颦》的故事。"万卷书眨了眨眼睛。

"对啊，《东施效颦》的故事就是告诫人们不要盲目模仿，否则结果必定适得其反。"施大作家笑笑。

"都是很深刻的道理。我也想写寓言，可是生活经历有限，一定很难写出哲理深刻的寓言。"万里路还算有自知之明。

　　"可以从小处入手啊！比如教育大家要尊老爱幼、热爱劳动、不讲谎话、团结协作，都是不错的选择。"施大作家提示道。

　　二人听罢点点头。此次"寓言王国"之旅真是受益匪浅啊！

33. 一个美丽的世界
——走进"童话王国"

这天，三人无意中走进了"童话王国"。

"童话王国"位于海岸边，建有无数座美丽的城堡。面前的这座是哥特式风格，也有巴洛克和文艺复兴的建筑元素。这是一座巨大的，窗户和阳台都是石雕装饰的城堡。

正在他们惊叹不已的时候，从不远处走过一个红鼻子、满脸皱纹的老太婆。

"女巫！女巫！"万卷书失口喊道。

"嘘——别惊动她，小心倒霉！"万里路把右手食指往嘴边一放，小声说道。

待女巫走远，兄妹俩悬着的心总算放了下来。

"看把你们吓的。"施人作家笑嘻嘻地说。

"女巫啊！烤小孩，毒小孩，杀小孩，无恶不作。要是被她逮住，嘿嘿，小命就不保了。"万卷书一惊一乍。

"那可未必，女巫也有脱胎换骨的时候。比如变成那个骑着扫帚满天飞的好女巫。"施大作家调侃道。

"不管是好女巫还是坏女巫，'童话王国'里肯定有她的一席之地。"万里路一下子冷静了下来。

正说着，迎面走来一个小人，身高不到六英寸，手持弓箭，背负箭袋。

"呵呵，这不是《格列佛游记》里的小人吗？"万卷书似乎也适应了这里的环境。

"眼力不错！和女巫一样，小人也是童话世界里常见的角色，一般只有几厘米高。他们又分为两类：一类命中注定就是小人，世世代代都是小人，祖先一直可以追溯到古老的民间传说；另一类生下来不是小人，但因为遭遇厄运，被魔法变成了小人。"在施大作家说话的同时，小人与他擦肩而过，还面带微笑呢。

"这里有巨人吗？"万里路突发奇想。

"当然有啦。和小人一样，巨人也是童话世界的主角之一，他们可是力量、高大和不可战胜的象征哦！"施大作家的话，更加勾起了万里路探访"童话王国"的兴趣。

正说着，大街上驶来一辆天空颜色的大眼睛车子。

"哇，多棒的出租车！"施大作家挥手拦下。

"哦，天啊！"万里路不禁一声尖叫，原来开车的是一只狐狸。

"请问去哪儿？"狐狸司机十分客气。

"请帮我们送到王国广场，谢谢！"施大作家彬彬有礼。

一路上，出租车边开边停，相继上来了会变成女孩的白粉蝶、会变成年轻男人的山猫，还有一头会变成绅士的熊。

王国广场顺利到达，对于万氏兄妹而言，这可真是一段充满惊奇的奇幻路程。

宽阔的广场，熙熙攘攘，十分热闹。带着孙女的老人，嚼口香糖的老虎，吃棒棒糖的鳄鱼，正在哭泣的小野猪，还有在水池里打呼噜的小白鲸……

"哦，这是什么？"万卷书一声大叫。

"那是没牙龙。"施大作家解释道，"它可了不得，当年吞吃了整整一支罗马军队——从指挥官到普通士兵，还有马匹、车辆、盾牌、长矛……因为吃得太多，它睡了一个世纪又一个世纪。听说在上个礼拜，它进入了浅睡期，即将醒来……"

"啊！这……这……万一没牙龙醒来，该如何是好？"万卷书差点就被眼前的怪物给震住了。

"别担心，'童话王国'里幻想出来的生物多了去了，它们从不伤害前来拜访的客人！"施大作家安慰道。

广场左侧，就是格林兄弟家。灰姑娘在寻找神奇的水晶鞋，善良的白雪公主和小动物们开心玩耍，可爱的小红帽试戴着祖母送给她的红色天鹅绒帽子，青蛙王子与公主牵着手在散步，渔夫的妻子正要求渔夫向比目鱼提出第一个愿望……

广场右侧，就是安徒生的家。威武的小锡兵身穿红衣蓝裤背着枪站在门口，燕子带着拇指姑娘四处飞翔，丑小鸭从绿油油的燕麦中探出头来，卖火柴的小女孩靠在奶奶的怀里听着故事，愚蠢的皇帝正在展示那并不存在的"新装"……

即将离开"童话王国"的时候，城门上方的一段话引得兄妹俩驻足许久：

童话，它很像是一个太阳，让整个人类都有了长大和生活的光亮。它从童年的窗口照进来，穿过房间，还会柔软地在心里不消失。它在雨天和夜晚都和你说话，陪你在路上走，看到终于来的幸福。

34. 神仙与英雄的传奇
——走进"神话王国"

"神话王国"里，众多神话人物齐聚一堂，好不热闹。

你瞧，补天的女娲，追日的夸父，射日的后羿，开天辟地的盘古，还有盗火的普罗米修斯，每一个都是神力无敌，大名鼎鼎。

"喜欢神话吗？"施大作家问兄妹俩。

"当然喜欢咯！"二人不假思索道。

"为什么？"

"里面有神仙，有大英雄，故事很神奇！"万里路说得十分带劲。

"我喜欢神话人物的超能力。"万卷书紧随其后。

"你们最喜欢的神话故事是什么？"施大作家问。

"我最喜欢《盘古开天辟地》。盘古以自己的神力开辟了天地，他的身躯也化生成世间万物，特别伟大。"万里路说。

"我最喜欢《女娲补天》。女娲花了九天九夜，用 36500 块五彩石将天补好。要不是她的英雄壮举，也没有我们后来的炎黄子孙。"万卷书说。

"的确，这两个神话都很经典。它们之间有一个共同的特点，都被称为'创世神话'。你们还知道其他'创世神话'吗？"看来，施大作家又开始出考题了。

"我知道！"万卷书想起不久前阅读过的资料脱口而出，"在挪威神话中，地球出现之前曾是两个世界：'Muspell'是一个火焰炽热的大陆，'Niflheim'是一个冰冻的大陆。当'Niflheim'的冰冷与'Muspell'的炽热之火接触之后，巨人始祖和巨型圣牛奥尔胡玛拉解冻复活过来。圣牛奥尔胡玛拉用牛乳哺育天神鲍尔和他的妻子，这对天神生育了布里，布里有三个儿子，这三个儿子后来叛变并杀死了巨人始祖。巨人始祖死后，他尸体上的肉形成了土地，骨骼形成了山脉，头发形成了树木，血液形成了江河湖泊，被挖空的头骨形成了布满星星的天空。"

"我感觉这个神话的后半部分，跟《盘古开天辟地》很像！"万里路似乎发现了什么。

"有异曲同工之妙。"施大作家说，"让我们再看看埃及的'创世神话'。在埃及古代神话中，最初世界是混沌无序的。天神阿图姆希望自己具有灵魂和肉体，之后他创造了一座小山，否则在这个混沌的世界里他没有立足之地。"

"好像在'创世神话'中，总有一个法力无边的大神。"万里路插了一句。

"对！阿图姆是一个没有性别的天神，他的眼睛能看到一切事情。他从嘴里吐出一个儿子舒——空气之神，然后又吐出了一个女儿特夫努特——湿气女神。这两个天神负责重新改变宇宙混沌状态的任务。舒和特夫努特建立了土地之神格布和天空之神努特。起初格布和努特互相缠绕在一起，在格布将努特举起来后，新的世界秩序逐渐建立了起来，也正因为这样的举动，舒和特夫努特立刻消失在了黑暗之中。阿图姆挖出了自己的眼睛用来寻找舒和特夫努特，最后舒和特夫努特再次返回到阿图姆的身边。阿图姆十分高兴，流下了激动的眼泪，那滴滴眼泪就变成人类。"施大作家娓娓道来。

"好多神的名字啊，我都快搞乱了！"万里路险些思维短路。

"还是中国'创世神话'比较好记啊！你看，盘古和女娲，多简单！"万卷书笑道。

"那可未必，印度'创世神话'中，也只有一个始祖，叫大梵天。"施大作家说，"印度人认为，大梵天是从金蛋中'冒'出来的。这位创世之神用神力将蛋壳一分为二，上半部成了苍天，下半部变为大地。为使天地分开，梵天又在它们之间安排了空间。之后，始祖大梵天站在大地上，确定了东、南、西、北的方向，确定了年、月、日的概念，然后用水、火、土、气、以太五要素，塑造了起伏的高山、辽阔的平原、曲折的河流，让这个世界变得丰富多彩。后来，大梵天又将自己的身体，化生为生活在这片土地的人民。他的头化成了神官，胳膊化成了皇帝和贵族，躯干化成了平民，心脏化成了人的语言、情欲、愤怒、欢乐、忏悔……"

"哇，好神奇啊！"万里路一声惊呼。

"这些神话好像都没有什么科学依据吧！到底哪个国家的最接近本来状态呢？"万卷书疑惑地问。

"神话，本来就是古代人民对自然现象和文化的解释与想象，是一种原始的、充满幻想的艺术创造。依据的不是科学，而是自己的创作。至于哪个国家的'创世神话'最接近世界的本来状态，那就不得而知了。"施大作家摊开双手，耸耸肩膀。

"那除了'创世神话'外，还有其他神话吗？"万卷书问。

"当然有了，比如'神祇神话''英雄神话'，只不过'创世神话'的影响力比较大罢了。其他神话也很精彩啊！"

听了施大作家的话，兄妹俩对于聆听其他神话，充满了更多的期待。

35. 唐朝的文字"奇葩"

——走进"唐诗王国"

"唐诗王国"的人，喜欢唐诗几乎到了痴迷的地步。起床时读唐诗，碰面时读唐诗，工作时读唐诗，道别时读唐诗，睡觉前依然要读唐诗。他们牢记一句话——"熟读唐诗三百首，不会作诗也会吟"。

"能在这样的文化氛围中，一边饮酒，一边吟诗，此生无憾也！"施大作家兴奋得手舞足蹈。街角的那家"杏花村酒楼"，是他们接下来要去的地方。

飞檐凌空，雕梁画栋，古色古香的阁楼内，弥漫着一股醉人的酒香。

三人找了一个靠窗的位置坐下，施大作家要了一壶"女儿红"，自斟自饮起来。万里路和万卷书年纪尚小，不能饮酒，端着茶水附庸风雅。

"施大作家，人说'李白斗酒诗百篇'，眼看您这一壶酒都下肚了，是否也给我们赋诗一首？"万里路笑嘻嘻地问道。

"非也，非也！作诗也要看在什么地方，这'唐诗王国'里定是高手如云，我不敢班门弄斧啊！"施大作家摆摆手。

"施大作家不愿开金口，要不你来一首吧！反正你也没写过什么像样的诗。"万卷书对着哥哥揶揄了一句。

"你……你……你太小看俺了！"万里路故作生气，"听好了！长江长啊，黄河黄啊……"惹得众人哈哈大笑。

"既然来到'唐诗王国'，就要沾点'诗意'回去。聊聊你们喜欢的诗人吧！"施大作家又一杯酒下肚，脸色早已潮红。

"我喜欢李白！那首经典的《静夜思》，不知陪伴我度过了多少个不眠之夜啊！"万里路一声长叹，颇像个饱经风霜的老者。

"我也喜欢李白，最喜欢他的《望庐山瀑布》，那雄浑的气势，那神奇的想象，太令人折服了！"万卷书说。

"的确。自诩不是'蓬蒿人'的李白，绣口一吐就是半个盛唐。他乐观，'长风破浪会有时'；他不羁，'仰天大笑出门去'；他豪放，'且放白鹿青崖间'。"对于李白，施大作家也是欣赏有加。

"我还喜欢白居易。他十六岁时就写下了著名的《赋得古原草送别》，实在是太棒了！"说罢，万里路情不自禁地吟诵起来："离离原上草，一岁一枯荣。野火烧不尽，春风吹又生……"

"我更喜欢他的《池上》：小娃撑小艇，偷采白莲回。不解藏踪迹，浮萍一道开。童趣十足！"万卷书说道。

"白居易作诗非常刻苦，人称'诗魔'，的确厉害！"施大作家竖起了大拇指。

"我觉得李商隐的诗也很棒，你看那句'春蚕到死丝方尽，蜡炬成灰泪始干'，妇孺皆知，耳熟能详。"万卷书说。

"我还喜欢杜甫的诗。《春夜喜雨》中那句'随风潜入夜，润物细无声'，把春雨那种感觉表现得淋漓尽致。"万里路也脱口而出。

"是啊，'安得广厦千万间，大庇天下寒士俱欢颜'，自己住在简陋的房子中，却依然同情着别人的疾苦，这是多么伟大的情怀啊！"施大作家满怀深情。

"您对王维的诗怎么看？"万卷书又想到了一个自己喜欢的诗人。

"王维是盛唐山水田园派诗人，其诗作和婉清雅、超凡脱俗，画面感极强。苏轼曾评价，'味摩诘之诗，诗中有画；观摩诘之画，画中有诗'。可见其水准甚是了得！"施大作家谈了自己的看法。

"王维的诗好啊！你看那首《鹿柴》：空山不见人，但闻人语响。返景入深林，复照青苔上。不仅画面感很强，而且营造出了一种独特的意境。"万里路也变得文气十足。

"王维的诗，独树一帜，实乃绝品！"施大作家将杯中酒一饮而尽。

"我还觉得杜牧的诗也不错。你看那首《江南春》：千里莺啼绿映红，水村山郭酒旗风。南朝四百八十寺，多少楼台烟雨中。既是写景，又抒发自己的感慨，情景交融，浑然天成。"万卷书对唐诗果然了解颇多。

"这些诗人都是响当当的。如果给他们排个名次，你们认为谁是前三名？"施大作家干脆做起了问卷调查。

"李白第一，杜甫第二，白居易第三。"万里路一马当先。

"第一是李白，第二是杜甫，第三应该足王维。"万卷书持不同意见。

"想知道大学者余秋雨会给出怎样的答案吗？"施大作家故意提高了嗓门儿。

"想——"兄妹俩异口同声。

"那就去读读他的散文《唐诗几男子》吧，一定会让你们大有收获的！"施大作家神秘一笑，给兄妹俩留下了一个大大的悬念。

36. 相约 "长短句"
—— 走进 "宋词王国"

离开 "唐诗王国" 后，三人来到 "宋词王国"。

行不多久，忽见长江边上有个穿长衫的中年人在大声吟诵："大江东去，浪淘尽，千古风流人物。故垒西边，人道是，三国周郎赤壁。乱石穿空，惊涛拍岸，卷起千堆雪。江山如画，一时多少豪杰。遥想公谨当年，小乔初嫁了，雄姿英发。羽扇纶巾，谈笑间，樯橹灰飞烟灭。故国神游，多情应笑我，早生华发。人生如梦，一樽还酹江月。"

"您好，您这是在诵读谁的诗词啊？" 万里路惊叹之余，上前问道。

"我刚才诵读的是《念奴娇·赤壁怀古》，乃我们'宋词王国'苏东坡先生所作。" 穿长衫的陌生男子微笑道。

"噢，写得真好！" 万里路连声赞叹。

"那是当然！这首词可是豪放派的代表作，感情激荡，气势雄壮。全词借古抒怀，将写景、咏史、抒情融为一体，抒发作者积极入世但年已半百仍功业无成的感慨。"长衫男子说话铿锵有力。

"苏东坡先生的每首词都是这么豪放吗？"万里路似懂非懂，追问道。

"那也未必。虽然是宋词豪放派的开创人，但苏大学士也写过一些细腻温情的词。有一首叫《江城子》，就让人感觉细腻婉约。"长衫男子放慢了语速。

"能给我们诵读吗？"万里路问。

"十年生死两茫茫，不思量，自难忘。千里孤坟，无处话凄凉。纵使相逢应不识，尘满面，鬓如霜。夜来幽梦忽还乡，小轩窗，正梳妆。相顾无言，惟有泪千行。料得年年肠断处，明月夜，短松冈。"读罢最后几句时，长衫男子几乎都哽咽了。

不敢过多打扰长衫男子，三人道谢后便离开江边。

"施大作家，我觉得这首词真好，听得我眼泪都快流出来了。"万卷书似乎还沉浸在刚才的吟诵中。

"是啊，这首词表达了苏东坡对已故妻子的深深怀念。真情流露，充满哀伤。"施大作家说。

"相比之下，我更喜欢婉约细腻风格的词。"万卷书说出了自己的看法。

"有特别喜欢的词作家吗？"施大作家问。

"有啊！我觉得李清照就是一个才女，她的词我都喜欢！"万卷书丝毫不加掩饰。

"噢，说几句来听听。"施大作家笑笑。

"常记溪亭日暮，沉醉不知归路，兴尽晚回舟，误入藕花深处。争渡，争渡，惊起一滩鸥鹭。"万卷书声情并茂。

"的确，这首《如梦令》写得清秀淡雅，颇得自然之天趣。"施大作家说。

"我印象中李清照的词，很多都充满了忧伤，但这首是个例外。"万里路加快了脚步，凑了上来。

"对，她的词，前期多写其悠闲生活，后期多悲叹身世，情调感伤，有的也流露出对中原的怀念。"施大作家说。

"为什么会有这么大的变化？"万里路问。

"这与她的生活变故息息相关。早期的李清照生活优裕，与丈夫共同致力于书画金石的搜集整理。后来金兵入据中原，她的生活发生了翻天覆地的改变，丈夫病死，自己颠沛流离，居

寻找语文王国（基础知识篇）

无定所，病体沉重，身心憔悴。"施大作家说。

"那可真是国破家亡啊！"万里路感叹了一句。

"读起她的《声声慢》，你也会有一种伤心到绝望的感觉。"施大作家感慨道。

"能给我们吟诵一下吗？"万卷书一脸真诚。

"寻寻觅觅，冷冷清清，凄凄惨惨戚戚。乍暖还寒时候，最难将息。三杯两盏淡酒，怎敌他，晚来风急？雁过也，最伤心，却是旧时相识。满地黄花堆积，憔悴损，如今有谁堪摘？守着窗儿，独自怎生得黑？梧桐更兼细雨，到黄昏，点点滴滴。这次第，怎一个愁字了得？"听了施大作家的吟诵，二人心头仿佛也被蒙上了一层愁绪。

不知不觉，三人来到了陆游故居。

"陆游可是个爱国诗人！"万里路想起课本上学过的《示儿》，有感而发。

"对，他是爱国诗人，也是著名词人。知道他的词作吗？"施大作家问。

"知道啊！"万里路环顾四周，见墙上张贴着陆游的不少作品，选了一首眼熟的念道："驿外断桥边，寂寞开无主。已是黄昏独自愁，更著风和雨。无意苦争春，一任群芳妒。零落成泥碾作尘，只有香如故。"

"哈哈，好个'机灵鬼'！"施大作家摸摸万里路的头，"《卜算子·咏梅》算是陆游的代表作之一。他一生酷爱梅花，写了大量歌咏梅花的诗词，歌颂梅花傲霜雪，凌寒风，不畏强暴，不羡富贵的高贵品格。表面上写的是梅花，其实也是他自身人格的一种写照啊！"

"真是'词如其人'！"万卷书颇有心得。

"相约'长短句'，精彩在继续！"施大作家说罢，带上万里路兄妹俩，向辛弃疾故居奔去……

37. 生活就是舞台
——走进"戏剧王国"

戏剧王国里的演出，两天一大场，每天一小场，好戏连连，精彩不断。

"真是一种高雅的享受啊！"从剧场出来，万里路文绉绉地说了一句。

"都懂得欣赏话剧了，看来小淘气进步啦！"施大作家斜看了万里路一眼。

"可是我也有个疑问，这么好的话剧到底是怎么'炮制'出来的呢？"万里路想不明白。

"这个呀，说来话长。不过，先要选好剧本，后面的'戏'才有的唱。"施大作家作了指点。

"剧本？我见过剧本。要不，我们找个剧本，然后排练一下，也到露天剧场一试身手！"万里路认为自己就是天生的演员。

施大作家和万卷书相视一笑，等着看"好戏"。

回到住地，万里路火急火燎地打开网页，拷贝了独幕剧《公仪休拒收礼物》中的一段对话：

公仪休：子明，你已经来了好久了吧？

子　明：老师，我刚来了一会儿，您吃过饭了吧？

公仪休：嗯，刚吃过。鲤鱼的味道实在是鲜美呀！我已经很久没吃鱼了，今天买了一条，一顿就吃光了。

子　明：是的，鱼的确好吃。

公仪休：只要天天有鱼吃，我也就心满意足了。

公仪休：子明，你去看一下，是谁来了？

管　家：大人，我家主人说，您为国为民日夜操劳，真是太辛苦了！特叫小人送两条活鲤鱼，给大人补补身子。

公仪休：谢谢你家大人的盛情，可这鱼我不能收！你不知道，现在我一闻到鱼的腥味就要呕吐。请你务必转告你家大人。

子　明：老师，您不是很喜欢吃鱼吗？现在有人送鱼来，您却不接受，这是为什么呢？

公仪休：正因为我喜欢吃鱼，所以才不能收人家的鱼。你想，如果我收了人家的鱼，就要照人家的意思办事，这样就难免要违犯国家的法纪。如果我犯了法，成了罪人，还能吃鱼吗？现在想吃鱼就自己去买，不是一直有鱼吃吗？

子　明：老师，您说得对，今后我一定照着您的样子去做。

"你这剧本只有对话，没有点名时间、地点以及人物的关系，可不好演。"施大作家看后直摇头。

"这剧本好像也没提示什么时候拉幕，什么时候人物上台下台，也没有相关背景及动作神态方面的提示，我可演不来。"万卷书读罢撅起了小嘴。

万里路一听，自觉不周全，便去拜访"戏剧王国"的高手。讨教一番之后，新版的《公仪休拒收礼物》剧本隆重推出。

时　间：两千多年前的一天下午。

地　点：公仪休家的客厅。

人　物：公仪休，鲁国的宰相；子明，公仪休的学生；鲁国某大夫的管家。

【幕起，子明正坐在席上读书。公仪休由内室上。】

公仪休：子明，你已经来了好久了吧？

子　明：（忙起身向老师行礼）老师，我刚来了一会儿，您吃过饭了吧？

公仪休：嗯，刚吃过。（回味似的）鲤鱼的味道实在是鲜美呀！我已经很久没吃鱼了，今天买了一条，一顿就吃光了。

子　明：是的，鱼的确好吃。

公仪休：只要天天有鱼吃，我也就心满意足了。

【幕后有人高喊：有一位管家求见！】

公仪休：子明，你去看一下，是谁来了？

【子明下，一会儿，子明领管家上。】

管　家：（满脸堆笑地）大人，我家主人说，您为国为民日夜操劳，真是太辛苦了！特叫小人送两条活鲤鱼，给大人补补身子。

公仪休：谢谢你家大人的盛情，可这鱼我不能收！你不知道，现在我一闻到鱼的腥味就要呕吐。请你务必转告你家大人。

【子明不解地望了望公仪休。管家无可奈何地摇了摇头，提着鲤鱼下场。】

子　明：老师，您不是很喜欢吃鱼吗？现在有人送鱼来，您却不接受，这是为什么呢？

公仪休：正因为我喜欢吃鱼，所以才不能收人家的鱼。

你想，如果我收了人家的鱼，就要照人家的意思办事，这样就难免要违犯国家的法纪。如果我犯了法，成了罪人，还能吃鱼吗？现在想吃鱼就自己去买，不是一直有鱼吃吗？

子　明：（恍然大悟地）老师，您说得对，今后我一定照着您的样子去做。

【幕落。】

"高人指点，果然不一样啊！有了这么好的剧本，就迈出成功的第一步了。"施大作家赞赏道。

"哥哥，你快分配下角色吧！"万卷书也觉得信心十足。

"这还用想吗？施大作家文质彬彬，肯定演公仪休。其余两个角色，我演子明，你演管家。"万里路已考虑妥当。

"我不同意！凭什么让我演管家啊？才一句话，'戏份'太少了，我才不当配角呢，我要演'大腕儿'！"一向矜持的万卷书要起脾气，也不可小觑。

"在一出戏中，每个角色都很重要，不能纠缠于'戏份'的多少，有时候，小人物也能演出大精彩来呢！"施大作家总能点中要害。

"噢，那就试试看！"听施大作家这么一说，万卷书也觉得哥哥的分配有道理。

一周后，三人登上了"戏剧王国"的舞台。

据说演出非常成功，绝无观众向台上扔生鸡蛋、烂苹果等，甚至还有人索要签名呢！

39. 每个人都是演员
——走进"影视王国"

"影视王国"里的人，对于电影电视，几乎到了痴迷的程度。

"个个能导演，人人是演员，处处是片场，天天有精彩。"一首打油诗，成了这里的真实写照。

为了充分感受影视作品的魅力，施大作家特意带兄妹俩前往影院，观看经典老片《喜羊羊与灰太狼之开心闯龙年》：

幽幽山谷中，藏有千年绝世珍宝——"龙笛"。只有真正的龙的传人才能开启宝藏的密室之门。

云朵坠地，飓风骤降，青青草原陷入一片混沌，这一切与龙世界正遭遇的灭顶之灾息息相关，而终结灾难的唯一办法就是吹响传说中的"龙笛"。于是，"羊羊战队"再度集结，决定前往这个神秘而又未知的国度一探究竟！

另一边，得悉灾难降临而举家落跑的灰太狼，被一阵突如其来的怪浪卷入龙世界，不得不再度与众羊并肩作战。

寻找语义王国（基础知识篇）

"叮叮""咚咚"，山谷里传来阵阵刺耳的声响。仔细一瞧，竟是喜羊羊与灰太狼他们在拜师学"艺"。要想成为龙的传人，必须经过九九八十一关考验，有音乐、有功夫、有学识……

　　龙堡内，最后的决战一触即发。机械龙的强大远超出众人的想象，原本犀利的武器变得不堪一击。当沸羊羊命悬一线时，一阵悠扬的笛声响彻云霄，一个小小的身影从"机械龙"中缓缓走来……

　　"怎么样，精彩吧？"看完电影，施大作家问道。

　　"好精彩啊！"兄妹俩齐声说道。

　　"别看它只是一部电影，其中包含的语文信息可多了。能说说你们从中学到了什么吗？"

"我觉得这部电影的构思非常巧妙，故事情节生动有趣，我从一开始就被吸引住了。"万里路兴致勃勃地说。

"我觉得这部电影好有想象力啊！其中有个情节，要想成为龙的传人，必须经过九九八十一关的考验，有音乐、有功夫、有学识，等等。不仅看起来丰富有趣，而且也能学到不少本领呢！"万卷书说。

"你们看，情节曲折，想象丰富，这不都是我们写作文时要尽力做到的嘛！"施大作家笑着说，"每部影视作品都有值得我们学习借鉴的地方，快说说你们喜欢的影视作品有哪些吧！"

"我喜欢《哈利·波特》系列电影，剧本选自英国女作家J. K.罗琳创作的魔幻现实主义系列小说，十分神奇、有趣！"万里路说。

"我喜欢电影张艺谋导演的电影《一个也不能少》。这部电影讲述了一个年仅十三岁的乡村代课老师魏敏芝为了一个诺言——一个都不能少，几经周折终于找回了流失的学生张慧科。电影里的人物淳朴、单纯得让人感动！"万卷书的心思果然细腻。

"有喜欢的电视节目吗？"施大作家问。

"当然有啦！"万里路提高了嗓门，"江苏电视台那个《一站到底》我很喜欢。"

"说说为什么喜欢《一站到底》？"施大作家想听出个所以

然来。

"因为在《一站到底》的舞台，没有工作、身份、年龄的区别。你可以是十来岁的小朋友，可以是普通的工薪族，也可以是金领、天才或者教授。站在这个平等的舞台上，你只会是守擂者或者攻擂者，这里不需要你有高学历，不需要你有特别的身份，只要你有广博的知识，小人物也可以成为大英雄。"万里路说得口沫飞溅。

"这档节目形式新颖，趣味十足，在挑战中挖掘个性，又充满悬念，的确是非常好的益智攻擂节目。"施大作家表示认同。

"既然你认为这么好，什么时候也去参加吧！"万里路提议道。

"这……这就免了！"向来伶牙俐齿的施大作家也结巴了一句。

"我喜欢中央电视台的《为你而战》。这是一档以公益资助为目的的益智类节目。每期节目都有一名爱心人士抱着帮助别人摆脱困境、改变命运的目的而来，他所做的这一切都是为了一个他认为值得帮助的人，为他而战，带给他实现人生转折的惊喜。参与者在主持人的引导下进行答题，这是一个考验答题者智慧的过程，也是一段分享感动、吸收知识、锻炼思维的美妙旅程。"万卷书近期迷上了这档节目。

"我还喜欢动画片《熊出没》，太有趣了！"万里路笑呵呵地说。

"这个谁都喜欢！"万卷书也插了一句。

"知道这部动画片为什么那么受欢迎吗？"施大作家追问。

"这个嘛，主要是熊大和熊二以及光头强，都非常有个性，而且很搞笑。"万里路说。

"人物个性鲜明，故事生动有趣，还有一点，保护森林的主题也非常突出，这些都是这部动画片的优点所在。如果我们在观看影视作品的时候，能够留意剧作者是如何想象一个又一个巧妙的故事，设计一句又一句精彩的对白，那么，除了笑声之外，我们还会有更多语文上的收获呢……"施大作家的话，总是这样充满着智慧。

39. 为生命喝彩

——走进"颁奖词王国"

　　"颁奖词王国"里，随时都能看到经典的颁奖词。电视中，广播里，大街上，甚至连汽车的侧面和衣服的后背，都贴满那些激动人心的文字。

　　这当中，最受欢迎的，莫过于《感动中国》的颁奖词。

　　"当命运的绳索无情地缚住双臂，当别人的目光叹息生命的悲哀，他依然固执地为梦想插上翅膀，用双脚在琴键上写下：相信自己。那变幻的旋律，正是他努力飞翔的轨迹。"无臂钢琴师刘伟的事迹，激励着多少身处逆境的人。

　　"绿了荒山，白了头发，他志在造福百姓；老骥伏枥，意气风发，他心向未来。清廉，自上任时起；奉献，直到最后一天。60年里的一切作为，就是为了不辜负人民的期望。"退休后义务植树22年的杨善洲，让我们心生敬佩。

　　"他们带上年幼的孩子，是为了更多的孩子。他们放下苍老的父母，是为了成为最好的父母。不是绝情，是极致的深情；

不是冲动，是不悔的抉择。他们是高原上怒放的并蒂雪莲。"坚守藏区 12 年支教的胡忠、谢晓君夫妇，感动着多少颗柔软的心。

读着这些让人热血沸腾的文字，万里路和万卷书不仅感受到人格的高尚，也感受着文字的魅力。

"说说你们最喜欢的颁奖词吧！"施大作家提议道。

"我喜欢写给托举生命的最美妈妈吴菊萍的颁奖词。"万里路说。

"读读看。"施大作家说。

"危险裹胁生命呼啸而来，母性的天平容不得刹那摇摆。她挺身而出，接住生命，托住了幼吾幼及人之幼的传统美德。她并不比我们高大，但那一刻，已经让我们仰望。"万里路深情诵读。

寻找语文王国（基础知识篇）

"万卷书，您呢？"施大作家侧过身问。

"我喜欢写给恪守孝道的平凡女孩孟佩杰的颁奖词。"万卷书显然经过了一番思考，"在贫困中，她任劳任怨，乐观开朗，用青春的朝气驱赶种种不幸；在艰难里，她无怨无悔，坚守清贫，让传统的孝道充满每个细节。虽然艰辛填满四千多个日子，可她的笑容依然灿烂如花。"

"我也很喜欢这段颁奖词，一句'虽然艰辛填满四千多个日子，可她的笑容依然灿烂如花'特别触动我。"施大作家轻声说道。

"施大作家，那您最喜欢的是写给谁的颁奖词呢？"万里路转身问道。

"我最喜欢的颁奖词，不是写给某一个人，而是写给一个充满爱心团体的。2006 年《感动中国》栏目组写给青岛'微尘'爱心团体的颁奖词，永远铭记在我心中。"说罢，施大作家饱含深情地诵道："他来自人群，像一粒尘土，微薄、微细、微乎其微，寻找不到，又随处可见。他自认渺小，却塑造了伟大，这不是一个人的名字，这是一座城市的良心。"

"'微尘'，这个名字取得真好！"万卷书的心被触动了。

"对，温情而贴切！起初，是青岛一位数次捐款不留姓名的普通市民；后来，扩散成一个爱心群体；再后来，扩展成一个关爱他人的爱心符号。以微尘命名的募捐箱、徽章，走进了青岛的大街小巷。"施大作家说。

"这个群体的人们都做了什么好事呢？"万里路问。

"他们在印度洋海啸、湖南水灾、喀什地震等时期数次向灾区捐款，多次救助贫困患病儿童和福利院孤儿……虽然一个人的力量是微不足道的，但是，所有人的力量汇集到一起，就能战胜一切困难！"施大作家情绪激动。

透过颁奖词，我们仿佛看到青岛这个城市中的温暖背影。

"颁奖词这么好，我也想学着写一写！"万卷书突发灵感。

"好啊，让我们借这种方式，一起为生命喝彩！"施大作家极力赞成，也鼓励万里路动笔试试。

大约半个小时，两人都完成了颁奖词。

"废寝忘食，他用赤诚之心完成了无韵之离骚；含垢忍辱，他用顽强之志铸就了史家之绝唱。一部《史记》，讲述着一个史学家应有的良知；一部《史记》，见证了一个史学家对历史的忠贞；一部《史记》，记载的并不仅仅是历史，更是我们民族坚强不屈的灵魂。"有了这一路的丰富积累，万里路笔下生花。

"读书，夯实他的底蕴；游历，丰富他的阅历；写作，彰显他的智慧。通晓古今学贯中西，上知天文下知地理。以严谨的精神治学，以真诚的爱心助人。生活之路，他是导师；语文之行，他是智者。他为万千孩子，铺平一条通往'语文王国'的康庄大道！"万卷书满怀深情地诵读着自己为施大作家写的颁奖词。

灿烂的阳光下，三人笑靥如花。

阅读测试卷

学校_____ 班级_____ 姓名_____ 成绩_____

一、语文百花园（69分）

（一）汉字游戏（共4分，每空0.5分）

请将下面的字各添上一笔，使它变成另外一个字。

止（　）　日（　）　乌（　）　万（　）

哀（　）　己（　）　白（　）　斤（　）

（二）判断正误（共4分，每空1分）

判断下面说法是否正确，正确的打"√"，错误的打"×"。

1. "潘"和"庞"这两个字的读音是一样的。（　）

2. "瀑"和"爆"的音节相同，"邀"和"袄"的音序相同。（　）

3. 被称为"天下第一行书"的是王羲之的书法作品《兰亭序》。（　）

4. 闻一多主张现代诗歌要有三美：音乐美、绘画美、建筑美。（　）

（三）词语接龙（共6分，每空0.5分）

例：记忆犹（新）—（新）陈代（谢）—（谢）天谢（地）—（地）久天长

1. 拍案叫（　）—（　）无仅（　）—（　）口难（　）—（　）过其实

2. 实心实（　）—（　）气风（　）—（　）愤图（　）—（　）人所难

（四）古诗园地（共11分，每空1分）

1. 填乐器

①葡萄美酒夜光杯，欲饮（　　　　　）马上催。

②羌（　　　　　）何须怨杨柳，春风不度玉门关。

2. 填动物

①留连戏蝶时时舞，自在（　　　　　）恰恰啼。

②泥融飞（　　　　　），沙暖睡（　　　　　）。

3. 填数字

①（　　）岸青山相对出，孤帆（　　）片日边来。

②死去元知（　　）事空，但悲不见（　　）州同。

4. 填颜色

①日照香炉生（　　　　　）烟，遥看瀑布挂前川。

②天门中断楚江开，（　　　　　）水东流至此回。

（五）对应连线（共4分，每小题1分）

请给以下的作家作品正确连线。

鲁迅　　　　　《尘埃落定》

冰心　　　　　《骆驼祥子》

老舍　　　　　《寄小读者》

阿来　　　　　《朝花夕拾》

（六）选择填空（共40分，每小题2分）

1. 下面四组成语中错别字最多的一组是（　　）。

A. 胸有成竹　连棉不断　月缺花残　走头无路

B. 功无不克　筋疲力尽　安居乐业　坚持不懈

C. 居高临下　无穷无尽　同心协力　兴高采烈

D. 穿流不息　目不瑕接　涛涛不绝　垂头伤气

2.《西游记》里的孙悟空神通广大，他在花果山的名字叫（　　）。

A. 孙悟空　　B. 齐天大圣　C. 孙行者　D. 美猴王

3. "已是悬崖百丈冰，犹有花枝俏"这句词描写的是（　　）。

A. 春天景色　　　　B. 夏天景色

C. 秋天景色　　　　D. 冬天景色

4. 以下不属于安徒生童话故事的是（　　）。

A.《丑小鸭》　　　B.《灰姑娘》

C.《皇帝的新装》　D.《坚定的锡兵》

5. 下面不属于中国古典文学四大名著的是（　　）。

A.《红楼梦》　　　B.《三国演义》

C.《聊斋志异》　　D.《西游记》

6. 2008年奥林匹克运动会的举办地是（　　）。

A. 北京　　B. 罗马　　　C. 希腊　　D. 美国

7. "独在异乡为异客，每逢佳节倍思亲"的佳节是指（　　）。

A. 端午节　B. 重阳节　　C. 春节　　D. 清明节

8. "天涯共此时"是中央电视台海外频道的一个特色栏目，这个栏目名称出处谁的诗句？（　　）

A. 李白　　　B. 白居易　　　C. 张九龄　　　D. 孟浩然

9. "粉身碎骨浑不怕，要留清白在人间"的作者是（　　）。

A. 顾炎武　　B. 黄宗羲　　C. 于谦　　　　D. 文天祥

10. 我国最早的文字叫（　　）。

A. 隶书　　　B. 草书　　　C. 楷书　　　D. 甲骨文

11. 我国第一部纪传体史书是（　　）。

A.《左传》　B.《史记》　C.《汉书》　D.《国语》

12. 我国第一位获得"人民艺术家"称号的作家是（　　）。

A. 鲁迅　　　B. 冰心　　　C. 老舍　　　D. 巴金

13. 以下不属于世界三大短篇小说巨匠的是（　　）。

A. 莫泊桑　　B. 欧·亨利　C. 契诃夫　　D. 鲁迅

14. 被称为"诗魔"的是（　　）。

A. 王维　　　B. 李商隐　　C. 白居易　　D. 刘禹锡

15. 下列对句子主要意思的概括，正确的是哪一项？（　　）

清凌凌的河水倒映着岸上一行行青翠欲滴的垂柳。

A. 河水倒映着。　　　　　　B. 清凌凌的河水。

C. 河水倒映着垂柳。　　　　D. 岸上一行行垂柳。

16. 下列不属于"三十六计"的是（　　）。

A. 浑水摸鱼　　　　　　　B. 反戈一击

C. 笑里藏刀　　　　　　　D. 反客为主

17. 下面四个词语的排列顺序，唯一正确的是（　　）组。

A. 波涛起伏→汹涌澎湃→微波荡漾→水平如镜

B. 水平如镜→微波荡漾→波涛起伏→汹涌澎湃

C. 波涛起伏→汹涌澎湃→水平如镜→微波荡漾

D. 汹涌澎湃→波涛起伏→水平如镜→微波荡漾

18. 下面按要求改写的句子，不正确的是（　　）。

A. "蜜蜂在花丛中飞"改成拟人句：蜜蜂在花丛中轻歌曼舞。

B. "挑山工对我说：'我家住在山脚下，天天挑货上山'"改成转述句：挑山工对我说，他家住在山脚下，天天挑货上山。

C. 把"今天很热"改成比喻句：今天像夏天一样热。

D. 把"他家的房间很小"改成夸张句：他家房间只有巴掌大。

19. 下面这段文字是要说明（　　）。

曹操教酾热酒一杯，与关公饮了上马。关公曰："酒且斟下，某去便来。"出帐提刀，飞身上马。……只听鸾铃响处，关公打马已回到中军，其酒尚温。

A. 曹操要与关公喝酒

B. 关公根本不想与曹操对饮

C. 把酒放在火上热着就不会凉了

D. 关公出去作战时间很短，神勇无比

20. 下面的诗句中，表达友情的是哪一句？（　　）

A. 不识庐山真面目，只缘身在此山中。

B. 劝君更尽一杯酒，西出阳关无故人。

C. 山重水复疑无路，柳暗花明又一村。

D. 日出江花红胜火，春来江水绿如蓝。能不忆江南？

二、阅读大舞台（15分）

请向同学推荐你最近正在阅读的一本课外书。（不必写题目，不少于120字）

_____

_____

_____

_____

_____

三、练笔小天地（16分）

请描述你印象最深的一个场面，至少用上两条歇后语。（不必写题目，不少于120字）

_____

_____

_____

_____

_____

寻找语文王国（基础知识篇）

参考答案

一、语文百花园

（一）以下答案不唯一：正 目 鸟 方 衰 已 自 斥

（二）× × √ √

（三）绝 绝 有 有 言 言

　　　意 意 发 发 强 强

（四）1. 琵琶 笛

　　　2. 娇莺 燕子 鸳鸯

　　　3. 两 一 万 九

　　　4. 紫 碧

（五）鲁迅《朝花夕拾》

　　　阿来《尘埃落定》

　　　老舍《骆驼祥子》

　　　冰心《寄小读者》

（六）1. D　2. D　3. D　4. B　5. C

　　　6. A　7. B　8. C　9. C　10. D

　　　11. B　12. C　13. D　14. C　15. C

　　　16. B　17. B　18. C　19. D　20. B

二、阅读大舞台（略）

三、练笔小天地（略）

寻找语文王国（基础知识篇）